다문화가족의 상담과 실제

김정열 · 박수준 · 유정욱

KNOWLEDGE COMMUNITY 공동체

머리말

최근 한국 사회에서 일어나고 있는 인구학적 변화는 고령화와 저출산 그리고 다문화를 꼽을 수 있다. 그간 단일민족의 자긍심을 강조해 오던 우리 사회에서 다문화는 이를 생소하게 느낄 여지도 없이 우리 사회의 중심에 자리잡고 있다.

국내 체류 외국인은 2003년 67만여 명에서 2014년 8월을 기점으로 171만 명을 넘어섰다. 이는 2000년대 이후 결혼이민자와 이주노동 외국인들이 급증한 결과이다. 결혼과 취업 등으로 한국에 온 외국 이주민들이 한국 사회에 뿌리를 내리고 사는 다문화가정이 2014년 기준 전국적으로 23만 명을 넘어서고 있다. 한국에 온 이주민들이 증가하고, 다문화가정이 20만 가구를 넘어서며 한국 학교에 재학 중인 다문화가정 아동들도 매년 늘고 있는 추세이기에 현재와 같은 추세라면 2050년 다문화가구는 약 98만 6,000가구로 한국 전체 가구 중 4.8% 수준에 이를 것으로 전망하고 있다.

그간 정부에서는 다문화가족을 지원하기 위한 여러 정책들을 준비하여 다문화가족 관련 서비스를 펼쳐와 결혼이민자 등 수혜자에게 긍정적 영향을 미쳤으나 앞으로는 지원중심의 서비스 정책에서 벗어나 사회참여 지향 중심으로 정책전환을 할 필요가 있다. 뿐만 아니라 다문화가족의 안정적인 사회정착 및 지역사회 통합을 위해 다문화에 대한 홍보를 강화하여 다문화가 우리 사회에 자연스럽게 자리잡아 갈 수 있도록 노력하여야 한다.

본 서는 우리 사회의 이러한 환경적 요인을 고려하여 일상에서 다문화가족에 대한 이해를 돕고자 저술하게 되었다. 책의 내용은 다문화사회에 대한 이해를 돕고자 다문화사회의 개념과 등장배경, 외국의 정책 등을 먼저 소개하고, 다문화가족의 상담기초, 상담적 접근 방법, 가족상담의 실제 등을 소개하여 다문화사회를 이해하고, 이를 토대로 하여 다문화가족을 상담하고 실천하는 현장에서 활용할 수 있도록 하였다.

다문화가족의 특성을 고려한 상담교재를 집필하기 위하여 노력하였지만 미흡한 부분은 앞으로 좀 더 연구하여 수정 보완하도록 하겠다. 이 책의 출판을 위해 수고하신 도서출판 공동체 김동훈 사장님과 공동체 가족 여러분께 감사를 드린다.

2014년 11월

저자 김정열 · 박수준 · 유정욱

차례

Chapter

01

다문화사회의 이해

1. 다문화사회화 현황
2. 한국의 다문화사회화의 특징
3. 한국 다문화가족의 유형
4. 한국 가족의 특성 및 문제점

| Chapter 1 | 다문화사회의 이해

2013년 6월 9일 기준으로 국내 체류 외국인은 150만 1,761명을 기록해 2003년 67만 8,687명에 견주어 10년 만에 2배가 넘었고, 2007년 100만 명을 넘어선 이래 지속적으로 증가하고 있다. 1990년대 무렵부터 외국인근로자들이 본격적으로 우리나라에 유입되어 1990년 당시 4만 9,000명 정도였던 국내 외국인 체류자는 이제 우리나라 전체 인구의 3%를 차지하게 되었고, 2050년에는 490만 명을 넘어 전체 인구의 10%에 이를 것으로 전망된다.

이와 함께 금세기 들어 국제결혼이 급증하면서 이제 더 이상 우리나라는 '다문화사회'라는 말을 외면할 수만은 없게 되었다. 2009년 여성가족부 "전국다문화가족 실태조사"에 따르면 2005년도 이후 결혼해 입국한 이민자는 54.1%, 2000~2004년 입국자는 27.0%였다. 이들의 평균거주기간은 5.3년이며 여성은 5.1년, 남성은 7.1년이었다. 이를 반영하듯, 특히 한국에서의 다문화주의와 연계된 담론은 여성결혼이민자의 증가와 밀접한 관계를 맺으며 전개되고 있는 실정이다. 결혼이민자와 그 배우자, 자녀를 포함한 다문화가족의 규모는 2008년 34만 명에서 2011년 55만 명으로 약 60% 정도 증가했는데 그 근저에 전체 결혼이민자 가운데 89.4%를 차지하는 여성의 비중을 주목한 것이다. 이 같은 추세는 당분간 변함없이 지속될 것이다.

1. 다문화사회화 현황

Troper(1999)는 다문화주의이기 위한 세 가지 조건으로 다원화된 인구학적 현상, 사회문화적 다양성을 가치 있게 여기고 존중하려는 사회적 이념, 그리고 인종, 민족, 국적에 따른 차별과 배제 없이 모든 개인의 기회에 접근할 수 있도록 보장하는 정부의 정책과 프로그램이 존재해야 한다고 주장했다.

외국태생 인구비율에 의한 다문화사회 규정은 최저 3% 이상부터 5% 이상(법무부 외국인정책본부)으로 논자마다 달리 규정하고 있다. 이는 동 비율에 의한 구분이 이전의 누적된 다문화 현황을 반영하지 못하기 때문이다. 참고로 외국태생 인구비율은 미국 14.8%, 캐나다 19.9%, 호주 24.6%, 독일 8.8%, 영국 4.5%, 덴마크 5.2%, 홍콩 7.8%이다.

먼저 한국의 인구학적 현황을 살펴보면 <표 1-1>과 같다.

〈표 1-1〉 외국인주민조사 현황

구 분		계	남	여
한국 국적을 가지지 않은 자	외국인근로자	552,946	380,847	172,099
	결혼이민자	141,654	18,561	123,093
	유학생	86,947	42,232	44,715
	재외동포	83,825	41,410	42,415
	기타외국인	137,370	73,316	64,054
	소 계	1,002,742	556,366	446,376
한국 국적을 취득한 자	혼인귀화자	69,804	4,317	65,487
	기타사유자	41,306	16,947	24,359
	소 계	111,110	21,264	89,846
외국계주민 자녀	외국계주민자녀	151,154	76,985	74,169
계	외국인주민(2.5%)	1,265,006	654,615	610,391

출처 : 행정안전부(2012). 지방자치단체 외국인주민현황.

행정안전부는 국적취득과 체류의 적법성 여부를 불문하고 90일을 초과하여 체류하는 외국인을 '외국인주민'으로 규정하여 매년 조사하고 있는바, 2011년 현재 외국인주민은 주민등록인구 50,515,666명의 2.5%에 해당하는 1,265,006명이라고 발표하였다. 그중 한국국적을 가지지 않은 자는 1,002,742명으로 전체 외국인주민의 79.3%에 해당하였다. 한국국적이 아닌 자의 구성은 외국인근로자가 552,946명으로 전체의 43.7%를 차지하고, 결혼이민자가 141,654명으로 전체의 11.2%에 해당하며, 유학생이 86,947명으로 6.9%, 재외동포가 83,825명으로 6.6%, 상사주재원 등 기타 외국인이 137,370명으로 10.9%다. 한국국적 취득자는 111,110명으로 전체 외국인주민의 8.8%에 해당하였다. 그중 혼인귀화자는 69,804명으로 전체의 5.5%, 기타사유취득자는 41,306명으로 전체의 3.3%에 해당한다.

외국인주민의 국적별, 유형별 현황을 살펴보면 다음과 같다.

먼저 이들의 국적별 분포를 보면, 중국 국적자가 515,786명으로 전체 외국인주민의 57.8%로 가장 많고, 그 뒤로 베트남, 필리핀, 태국 등 동남아시아가 가장 많았다. 이 외에도 미국, 네팔 등 남부아시아가 많았으며 일본, 몽골, 대만, 우즈베키스탄 등 중앙아시아 순이다. 중국국적자 중 조선족은 378,345명으로 전체 외국인주민의 42%에 달하였다.

유형별로는 외국인근로자의 국가별로는 중국 58%(조선족 51%), 동남아 29%, 남부아시아 5%, 몽골 3%, 중앙아시아 2% 순으로 조선족과 동남아 출신이 다수를 차지하였다. 국제결혼자의 출신국은 중국 52%(조선족 32%), 동남아 28%, 기타국가 7%, 일본 6%, 대만 3%, 몽골 2% 순이다.

한국의 인구학적 현황을 살펴보면 한국은 외국인주민 비율이 2.5%여서 아직까지는 한국을 다문화사회로 보기에는 부족하고 다문화사회화하고 있다고 할 수 있다. 그러면 현재와 같은 추세로 이들이 계속 증가할 것인가? 이에 대해서는 정확히 예측할 수 없으나 대체적으로 증가 추세는 계속될 것이 일반적인 견해다.

한국에서 외국인이 계속 증가할 것으로 전망하는 가장 큰 이유는 출생률과 관련한 인구구조학적인 측면에서의 분석이다. <표 1-2>는 통계청이 발표한(2009.8.19) 2000년대 연도별 출산율이다. 이 표는 2008년 출산율이 1.19명으로, 2005년 1.076명에서 2년 연속으로 증가하다, 다시 하락하고 있음을 보여준다.

〈표 1-2〉 2000년대 연도별 출산율

연 도	2000	2001	2002	2003	2004	2005	2006	2007	2008
출산율	1.467	1.297	1.166	1.180	1.154	1.076	1.123	1.250	1.19
증 감	0.057	−0.170	−0.131	0.014	−0.026	−0.078	0.047	0.127	−0.06

출처 : 통계청(2009). 연도별 출산율 현황.

또한 정부의 예측자료에 따르면 이러한 이주민규모의 상승속도는 지속될 것이며 그 결과 2020년에는 전 국민의 5%에 이를 것으로 예측되고 있다. 다민족사회로 논의되는데 전혀 이견이 없는 호주나 독일의 수준에 이르는 것도 그리 멀지 않은 미래의 일이다(표 1−3 참조).

〈표 1-3〉 국내 체류 외국인의 증가 전망

구 분	2005	2010	2020	2030	2040	2050
체류외국인 (만 명, %)	74.7 (1.5)	142.2 (2.8)	253.9 (5.0)	305.7 (6.0)	357.4 (7.4)	409.2 (9.2)
전문인력(%)	3.3	5.0	7.0	10.0	15.0	20.0
결혼이민자(%)	10.0	9.3	10.0	12.3	15.0	15.1
체류외국인 비율동일국가	핀란드	포르투갈	덴마크	아일랜드	호주	독일

출처 : 법무부(2006). 외국인정책 관련 환경변화 미래예측 보고서(재인용).

다문화사회를 이루는 한 축인 국제결혼도 종래와 같은 급격한 증가는 아닐지라도 중장기적으로는 지속적으로 증가할 것으로 전망된다. 이는 외국인노동자, 외국인 상사직원 및 유학생의 유입 증가와 한국인의 외국유학 및 외국주재 근무 등 국제교류의 증가에 따른 당연한 결과이기도 하나, 국제결혼의 가장 큰 비율을 차지하고 있는 출생성비의 불균형에 의한 외국인 여성배우자와의 결혼이 앞으로도 지속될 전망이기 때문이다.

이상과 같은 전망은 한국의 경제 사정 및 이에 따른 정책, 송출국의 상황, 국제적인 상황 등에 따라 달라지는 것이 자명하나, 한국 사회가 점차 다인종·다문화사회로 변모해 갈 것이라는 전망은 타당하다.

2. 한국의 다문화사회화의 특징

한국의 다문화사회화는 처음부터 다민족·다문화 국가로 출범한 미국, 캐나다, 호주와는 확연히 다르고, 민족국가로 출범하여 외국인노동자가 많아 다문화사회가 된 프랑스, 독일과도 다른 특징을 발견할 수 있다. 이를 정리하면 다음과 같다.

첫째, 다문화사회화의 주류가 혈연적으로 같은 민족이다. 북한이탈주민은 물론이고, 2009년 5월 현재 외국인주민 등 중국국적의 조선족이 전체 외국인의 40.1%(443,836명)이며, 재외동포가 4%(43,703명)를 차지한다. 결혼이민자 중 28.2%는 조선족으로 그 자녀는 혼혈인이 아닌 완전한 한민족에 속하고, 민족이 다른 결혼이민자의 자녀도 한민족 혼혈인으로 한국에서 성장하고 있다. 이는 다른 외국의 경우와 확연히 다른 것이다.(표 1-4 참조)

〈표 1-4〉 외국인주민의 국적별, 민족별 특징

	전체 891,341	동북아						동남아	남부 & 중앙아시아	기 타
		중국인 배경					기타 동북아			
		소 계		중국	조선족	대만				
합계	100.0		60.1	15.4	42.4	2.3	5.1	22.1	5.4	7.3
외국 국적	86.1	58.7	84.1	79.9	85.4	87.5	81.9	88.9	6.0	7.6
귀화	7.4	85.8	10.5	12.2	10.2	4.9	2.0	2.8	0.9	3.4
자녀	6.5	50.1	5.4	7.9	28.8	7.5	16.1	8.2	2.0	7.1

출처 : 행정안전부(2008). 외국인주민의 국적별, 민족별 특징 현황.

둘째, 타민족 출신의 경우도 대부분 아시아계로서 피부색과 골격, 문화 등에 있어서 한국인과 차이가 있지만, 서구사회의 흑인, 인디언, 동양인 등의 유색인과 히스패닉 및 아랍인 등과 같이 크지는 않다. 서양인의 눈에는 이들은 한국인과 같이 동양인으로 보고 있고, 한국인들도 중국인, 일본인, 몽고인 등 동북아 출신자들이 자신의 출신을 밝히기 전에는 구별하지 못하는 경우가 많다.

셋째, 외국인근로자들은 한국에서의 정착보다는 돈을 벌어 본국으로 돌아가기를 희망하는 경우가 많고, 한국의 제도가 이들의 정착을 쉽게 허용하지 않고 있다. 이들이 가족형태를 이루어 정착하는 것은 조선족이거나, 한국인과 결혼한 경우로 순수하게 외국인만으로 구성된 가정이 정착하는 경우는 현재까지 드물고 앞으로도 어려울 전망이다. 이러한 전망은 한국의 국적법 및 이민정책 등에 따라 크게 달라질 수 있으나, 미국 · 캐나다 · 호주의 경우 거의 모든 외국인노동자가 정착을 염두에 두고 이주하여 실제 정착하였고, 프랑스의 경우에도 정부의 갖가지 규제에도 불구하고 대다수의 아랍노동자들이 정착한 것과는 많은 차이가 있다.

끝으로, 국제결혼에 의한 이주자가 많다. 외국의 경우는 이주 후 생활하는 과정에서 점차적으로 기존의 국민 또는 타 인종 · 민족 출신과 결혼하나, 한국에서는 이주를 목적으로 결혼하거나 결혼과 동시에 이주가 이루어진다. 이들은 국적법에 의해 희망할 경우 한국인으로 귀화하기 쉽고, 이들 자녀는 자동으로 국적이 취득되는 한국인이다. 이에 따라 한국 사회는 한국문화를 잘 모르는 한국인이 많을 것이고, 동시에 많은 혼혈인이 출생할 것으로 예상된다.

이와 같은 한국 이주자의 특성은 다문화 정책 및 교육이 외국과 다를 수밖에 없고, 또한 달라야 하는 논거가 된다. 현실적으로 한국에서는 단기간 내에 외국과 같이 특정 민족 집단이 집단거주지를 근거로 세력을 형성하기 어려울 전망이다.

따라서 한국에서의 다문화 논의는 서구사회의 문화 및 집단과의 갈등 해소 차원의 논의보다는 이들에 대해서는 인권보장과 차별시정에 중점을 두어야 하고, 다문화사회화를 계기로 세계화 시대와 선진사회에 부합하는 국민의식의 성장을 통해 국가발전을 어떻게 이루느냐에 중점을 두어야 할 것이다.

3. 한국 다문화가족의 유형

우리 사회는 이미 오래전부터 넓은 의미에서 다문화가족을 경험해 왔다. 세대 간, 계층 간, 지역 간의 문화적 가치관의 차이는 대한민국이라는 동일한 문화권 내에서의 미시적인 다문화 현상에 속한다고 할 수 있다.

또한 좁은 의미에서의 다문화가족은 한국 사회 내에서 대한민국이 아닌 다른 문화권으로 이루어진 가정을 의미하는데, 국제결혼가정, 외국인노동자 가정, 새터민 가정이 그 전형적인 예라 할 수 있겠다. 다문화가족에 대한 협의의 개념을 가정형성의 배경과 가족 구성원에 따라 범주화하면, <표 1-5>와 같이 세 집단으로 분류할 수 있다.

그중에서도 본 연구에서는 다문화가족을 국제결혼가정으로 정의하고, 한국인 남성과 외국인 여성의 결혼으로 이루어진 가정을 연구의 대상으로 한다.

〈표 1-5〉 다문화가족의 유형

국제결혼가정	외국인근로자 가정	새터민 가정
- 한국인 남성과 외국인 여성의 결혼으로 이루어진 가정 - 한국인 여성과 외국인 남성의 결혼으로 이루어진 가정	- 외국인근로자인 남성과 여성이 한국에서 결혼하여 이루어진 가정 - 외국인 남성과 여성이 그들의 자국에서 결혼 후 한국에 이주한 가정 - 외국인근로자로서 결혼하지 않고 단독으로 또는 동료와 함께 생활하는 가정	- 탈북자 출신의 남성과 여성의 결합으로 이루어진 가정 - 탈북자 출신의 남성 또는 여성이 한국에 입국 후 한국의 여성 또는 남성과 결합하여 이룬 가정 - 탈북자 출신으로서 결혼하지 않고 단독으로 또는 동료와 함께 생활하는 가정

출처 : 서 혁(2007). 다문화가족 현황 및 한국어 교육 지원방안(재인용).

국제결혼가정은 1990년대 농촌총각 장가보내기 운동의 결과로 늘어나기 시작했던 것이 특정 종교단체의 종교적인 신념으로 대규모 집단 국제결혼이 성사되면서 활성화되었고, 이어 결혼중개업자가 주도하여 아시아계 외국인 여성이 한국으로 와서 결혼생활을 하는 경우가 현재는 대다수를 이루고 있다. 외국인 이주노동자 가정도 같은 국적 사람들과 결혼한 가정도 있고, 국적이 다른 사람들과 한국에서 결혼하여 살고 있는 경우도 있어, 각각 자신들의 모국의 문화에 정주국인 한국의 문화를 더해 이중·삼중문화의 틀 속에서 살고 있으므로 이들을 다문화가족으로 포함시키는 것이 타당할 것이다.

4. 한국 가족의 특성 및 문제점

한국 가족의 변화는 한국 사회의 변화를 분리하여 생각할 수 없다. 왜냐하면 사회의 변화는 가족에 직접적인 영향을 주기 때문이다. 현재의 50~60대 성인들은 1960년대의 농경시대에 청소년기를 보낸 반면, 40대는 1970년대 공업화 시대, 30대는 1980년대 산업화 시대에 청소년기를 보냈다는 점에서 이들이 거쳐온 사회환경은 매우 다르다.

급속한 경제성장과 경제위기, 산업화 및 도시화, 정보화, 세계화 등을 짧은 시간에 압축적으로 경험하고 있는 한국 가족은 변화의 소용돌이에 있다고 해도 과언이 아니다(이재경 외, 2004).

최근에는 이러한 사회적 변화로 저출산 세계 1위, 이혼율 OECD 국가 중 3위, 재혼율 상승, 2인 생계부양(맞벌이)가구 증가, 한부모가구 증가, 비혼・만혼・동거 증가, 독신가구 증가, 국제결혼 이주가족의 증가, 원정 출산과 기러기 아빠 등으로 나타나는 가족의 도구화 현상 등이 한국 가족의 모습이 되어 버렸고 이로 인해 한국 가족이 위기라는 인식이 대두되었다(김미숙, 2006).

한국 가족은 사회의 급속한 산업화와 더불어 가족의 구조, 가족관, 가치관 등에 많은 변화를 가져왔다. 21세기의 전환과 맞물려 점차 개인의 삶에 있어 가족 지위보다는 자신의 행복추구가 보다 중요하다는 인식이 젊은 세대와 여성을 중심으로 확산되고 있다. 최근 나타나고 있는 개인적 삶에 대한 관심, 높은 수준의 자아실현의 욕구, 가족 내 역할규범과 성의식에서는 물론 이들의 가족관계와 배우자 선택방식이나 가족여가 등의 행동상의 차이 역시 의미 있게 나타나고 있다.

한국인에게도 개인의 행복이 집단의 조화보다도 점점 중요하게 되어가고 있다는 것으로 나타낸다. 그러나 이러한 변화에도 불구하고, 아직까지 한국 가족에서는 유교사상의 영향으로 효, 충성, 희생, 인내, 평화와 조화, 중용, 상부상조, 갈등회피, 위계질서, 남녀유별, 남아 선호 등의 가치를 갖고 있다. 유교에서는 인간은 독립적 존재의 개인보다는 인간관계 안에서의 인간을 중요시하며 개인이 속한 상황과 체계 안에서의 역할적인 인간을 말한다.

개인의 독립성과 자율성을 중요시하지 않으며, 개인은 가족 속에 감춰진다(신혜섭, 2001). 가족과 가족이 아닌 것의 경계가 분명하고 가족에 대한 기대와 규범으로부터 자유롭지 않기 때문에 가족의 구속력은 서구사회보다 높지만 가족의 민주적인 소통방식과 친밀성은 충분히 확보되어 있지 않은 것도 사실이다. 한국 가족에서 가족중심적 측면은 의무, 책임, 위계질서, 체면을 존중하는 가족체계와 나보다는 우리를 강조하는 정서체계에서 잘 나타나고 있다. 부모와 자식 간의 인간관계는 생명 자체가 부모로부터 기인되었으므로 무조건적이고 당연하며 일방적인 관계라는 것이다. 이러한 무조건적이고 일방적인 효의 수직체계가 전통적인 한국인의 행동방식의 근간을 이루며 아직도 사회 저변에 자리하고 있다(신 숙, 2007).

또한 정보화세대로 구분한 30대 초반의 연령집단과 52세 이상의 장년층인 산업화 1세대의 가족의식과 행동관계에 있어 두드러진 세대별 차이가 발견되고 있으며 표면상으로는 핵가족의 구조 속에서 살면서도 실제적인 의식구조는 확대가족에 소속되어 있는 것이 특징이다. 가족 간의 세대 간 차이는 가족구성원 간의 대화를 단절시키고 기존의 구조를 경직되게 한다(이재경 외, 2004). 즉, 청소년 비행, 부부이혼, 가정폭력, 노인문제 등은 가족이 당면한 문제를 스스로 해결할 수 없는 위기에 처해 있음이 널리 인식되고 있다(이순자, 1998). 우리는 한 사회를 형성하는 기본 단위인 가족을 통해서 문화를 배운다. 이것은 가족 그 자체가 문화의 일부분이라고 할 수 있으며, 개인들이 소속되어 있는 사회집단의 문화는 지식, 신념, 예술, 도덕, 법, 관습 등을 포함하는 복잡한 총체이다(송성자, 1985).

가족문화의 개념은 구성원들에게 과거와 같이 삶의 방식과 가치유형을 제공해 주는 화석화된 행위지침서가 아니라 가족구성을 소망하는 개인들이 스스로의 합당한 논리(rationale)를 발견해야 하는 과정이며 특별한 유대 욕구를 실현시키는 방식을 터득해 가는 자조(self-help)의 과정인 동시에 그러한 과정을 통해 친밀하고 평등한 관계를 유지하는 개인들의 노하우인 것이다(김혜영, 2006).

그러나 사회의 급속한 변화에 한국가족의 구조와 가치관이 미처 따라가지 못하는 문화지체 현상이 발생하게 되었다(신혜섭, 2001). 이것은 부부관계, 가족문화, 인간관계, 지역문화 속에서도 발생될 수 있다. 또한 사회경제적 측면에서 저소득층의 도시근로자 또는 농어촌에서 주로 이루어진 다문화가정의 경우 문화지체 현상이 더욱 심각하며 위에서 지적한 가족변화의 변수 이외에도 열악한 환경들은 위기에 직면한 다문화가족의 문제와 개인의 문제를 좀 더 전체적인 상황에서 이해해야 하고 도와야 한다는 필요성이 제기된다.

이에 다양한 가족문제를 갖고 있는 다문화가족에게 미시체계의 사회복지의 분야 중 사회복지실천현장에서 실천방법으로 그들의 자아존중감 및 자아정체성을 향상시키기 위한 프로그램을 개발하는데 반영되어야 할 내용으로 좀 더 적절하며 다양하게 대처하는데 고려되어야 한다.

1) 다문화가족 개념 및 특성

최근 한국 사회에서 사용되는 '다문화가족'이라는 용어는 광의적인 개념에서 우리나라 안에 거주하는 문화적 차이가 존재하는 가족을 의미한다. 다문화가족의 유형을 살펴보면, 이근매 · 이상진(2007 : 15)은 서로 다른 인종 사이에서 태어난 자녀에 초점을 맞춘 '혼혈인 가족'과 말 그대로 국경을 넘나드는 결혼의 형태를 의미하는 '국제결혼가족', 마지막으로 한부모가정 · 독신자가정처럼 다양한 가족의 형태 중 하나로 정의하는 '다문화가족'으로 세 가지 형태로 분류하였으며, 서 혁(2007)은 다문화가족은 크게 세 가지 유형으로 첫 번째는 한국인과 외국인이주자의 결혼으로 형성된 '국제결혼가정', 두 번째는 외국인이주노동자가 국내에 유입되어 외국인 이주노동자 간에 결혼하여 형성된 '외국인 이주자 가정', 세 번째는 이미 본국에서 결혼하여 형성된 가족이 국내에 이주한 '이주가정(새터민)'으로 나누었다.

그러나 우리 사회에서는 한국인 남성과 결혼한 이주여성가족, 한국인 여성과 결혼한 이주남성가족, 이주민 가족(이주노동자, 유학생, 북한이탈주민 등)을 포함하여 그 범위가 확대되어 우리와 다른 민족, 문화적 배경을 가진 사람들로 구성된 가정을 통칭하여 사용하고 있다. 그러므로 '다문화가족'의 정의는 국제결혼이라는 용어가 내포한 내국인 간의 결혼과 외국인과의 결혼으로 구분하는 국적에 따른 차별성 대신 한 가족 내에 다양한 문화가 공존하고 있다는 의미로 해석할 수 있다(이근매 · 이상진, 2007 : 15).

이러한 다문화가족에 대한 정의는 광의의 개념과 협의의 개념으로 구분해 볼 수 있다. 광의의 개념으로 김경란(2006 : 8)은 다문화가족이란 사회, 문화적 배경을 달리하는 두 사람 혹은 그 이상의 결합으로 발생되는 모든 가족형태로 정의될 수 있다고 하였으며, 송영지(2008 : 20)는 다문화가족이란 국제결혼 등을 통해서 서로 다른 인종의 상대를 만나 결합한 가정을 의미한다고 하였다.

김경미(2008 : 1)는 다문화가족이란 서로 다른 종족 간에 이루어지는 가족 공동체를 의미하며, 다른 말로는 이중문화 가정이라고 정의하였으며, 이지애(2007 : 5)는 다문화가족이란 우리와 다른 민족 또는 다른 문화적 배경을 가진 사람들이 포함된 가정을 통칭하는 용어로 정의하였다. 손민정(2008 : 7)은 다문화가족은 일반적으로 국내에 거주하고 있는 국제결혼가정과 외국인근로자 가정, 새터민 가정을 모두 포함하여 문화적인 다양성을 가지고 있는 가정으로 정의하였다. 이근매 · 이상진(2007 : 15)에서는 다문화가족의 정의는 한국인과 외국인이 결혼한 가족을 일컫는 것으로 표현하였다.

또한 협의의 개념으로서 현실적 지원을 위한 법률적 정의는 2007년 12월 말 국회를 통과하여 2008. 3. 21. 다문화가족에 대한 지원을 법명 자체에서 천명하고 있는 '다문화가족지원법'이 제정 · 공포되었으며, 2008. 9. 22.부터 시행되기 시작하였다.

다문화가족지원법 정의 규정 제2조 제1호 "다문화가족"이란 '재한외국인처우기본법' 제2조 제3호의 결혼이민자와 '국적법' 제4조에 따라 귀화허가를 받은 자와 같은 법 제2조에 따라 출생 시부터 대한민국 국적을 취득한 자로 이루어진 가족을 말한다.

제2호 "결혼이민자 등"이란 다문화가족의 구성원으로서 '재한외국인처우기본법' 제2조 제3호의 결혼이민자와 '국적법' 제4조에 따라 귀화 허가를 받은 자를 말한다.

법의 적용대상으로 재한외국인법은 "대한민국 국적을 가지지 아니한 자로서 대한민국에 거주할 목적을 가지고 합법적으로 체류하고 있는 자"(법 제2조 제1호)로 규정하고 있다.

그러나 다문화가족지원법과 같이 '이주민과 한국인이 결합된 가족'을 중심으로 지원 대상을 설정할 경우, 이주노동자 부부와 그 사이에서 출생한 아동, 외국인 유학생과 그 동반가족, 무국적 외국인과 그 가족의 문제는 법의 적용대상에서 배제된다. 현재 한국 사회에서 다문화가족의 문제는 매우 광범위함에도 법의 적용대상을 지나치게 제한함으로써 현실을 제대로 담아내지 못하는 결과를 초래하고 있는 것이다(소라미, 2008 : 40-41).

2) 다문화가족의 자녀

(1) 다문화가족 자녀의 개념 및 특성

다문화가족 자녀의 정의는 아직 우리나라 국어사전에 등록되어 있지 않다. 다문화가족 자녀는 우리 사회에서 한국인과 결혼한 외국인 배우자 사이에서 출생한 아동으로, 국적법 제2조 제1항에 따라 출생과 동시에 한국 국민이 되지만(이근매 · 이상진 공저, 2007 : 25), 국제결혼에 의해 태어난 자녀들을 보편적으로 혼혈인이라고 불러왔다. 이들에 대한 사회적 인식은 이들이 단일민족의 순수성을 헤친다는 사회적 통념으로 인해 지극히 부정적이었다. 그러나 피할 수 없는 시대의 변화의 흐름 속에서 한국 사람도 외국과 외국인에 대한 관심과 호의가 크게 증가되었다. 국제결혼가정이 증가함에 따라 그들의 자녀인 혼혈인의 수가 늘어가게 되었고, 시대의 흐름과 사회적 분위기에 따라 혼혈인을 의미하는 새로운 용어들이 생겨나게 되었다.

1997년 외국인노동자 문제를 연구하는 시민단체에서 코시안(Kosian)이라는 단어를 처음 사용하였으나 용어 자체가 인종차별이라는 지적에 부닥치게 되었고 그 후 2006년 전북교육청에서 세계적인 국제결혼가정을 포괄하고 혼혈인들을 존중할 수 있는 명칭을 전국적으로 공모하여 코시안이나 온누리안(Onnurian)이라는 새로운 명칭을 선정하여 적극 사용하도록 홍보하였으며, 많은 민 · 관 기관에서 다문화가족을 위한 프로그램명, 프로젝트명 등으로 온누리안을 많이 사용하게 되었다. 그리고 현재 교육청과 각 학교마다 다문화가족 담당 부서와 다문화가족 담당교사를 두는 등 국제결혼이라는 말 대신에 이미 사회적 합의가 진행된 '다문화가족, 또는 이중문화가정'이란 말을 사용하는 경향이 나타나면서, 그러한 가정의 자녀를 지칭할 때는 '혼혈아'라는 말보다는 '다문화가족 자녀 또는 이중문화가정 자녀'라는 말이 인권적인 용어로 사용되고 있는 것을 볼 수 있다(한국염, 2004; 김경미, 2006; 신효선, 2007 : 10-11).

따라서 본 연구에서 다문화가족이란 한국인 남성과 외국인 여성과의 국제결혼을 하여 이룬 가족을 한정하는 의미로 사용하며 그 사이에서 태어나 한국국적을 가지고 한국 내에서 생활하는 자녀를 '다문화가족 자녀로 한정'하여 의미를 제한하고자 한다(정현영, 2006; 신효선, 2007 : 11; 이순실, 2008; 최옥순, 2008 : 9).

① 다문화가족 및 자녀의 현황

가. 다문화가족의 현황

2008년 외국인과의 혼인은 3만 6,204건으로 전년보다 3.6%가 감소되었으며 이 중 한국 여자와 외국 남자와의 혼인은 전년보다 10.5%, 한국 남자와 외국 여자와의 혼인도 전년보다 1.5% 감소하였다. 이것은 전년도 외국인과의 혼인은 총 3만 6,204건으로 2000년의 1만 1,605건보다 세 배 이상 증가하였지만, 2005년 이후 3년째 감소하고 있다(통계청, 2009).

〈표 1-6〉 외국인과의 혼인 추이 (단위 : 건, %)

	2000	2001	2002	2003	2004	2005	2006	2007	2008
총 혼인건수	332,090	318,407	304,877	302,503	308,598	314,304	330,634	343,559	327,715
외국인과의 혼인	11,605	14,523	15,202	24,776	34,640	42,356	38,759	37,560	36,204
총혼인건수 대비 구성비	3.5	4.6	5.0	8.2	11.2	13.5	11.7	10.9	11.0
증 감	1,782	2,918	679	9,574	9,864	7,716	−3,597	−1,199	−1,356
증감률	18.1	5.1	4.7	63.0	39.8	22.3	−8.5	−3.1	−3.6
한국 남자+외국 여자	6,945	9,684	10,698	18,751	25,105	30,719	29,665	28,580	28,163
증감률	9.3	39.4	10.5	75.3	33.9	22.4	−3.4	−3.7	−1.5
한국 여자+외국 남자	4,660	4,839	4,504	6,025	9,535	11,637	9,094	8,980	8,041
증감률	4.6	3.8	−6.9	33.8	58.3	22.0	−21.9	−1.3	−10.5

출처 : 통계청(2009). 2008년 혼인통계 결과.

이는 2006년 '방문취업제'의 시행예고로 향후 중국교포 등의 국내 입국과 취업이 용이해짐에 따라 매년 증가하던 외국인과의 결혼건수가 큰 폭으로 감소한 것이라 할 수 있다.

〈표 1-7〉 한국 남자와 혼인한 외국인 여자의 국적별 혼인 (단위 : 건, %)

	2000	2001	2002	2003	2004	2005	2006	2007	2008	구성비	전년 대비 증감률
한국 남자+외국 여자	6,945	9,684	10,698	18,751	25,105	30,719	29,665	28,580	28,163	100.0	-1.5
중국	3,566	6,977	7,023	13,347	18,489	20,582	14,566	14,484	13,203	46.9	-8.8
베트남	77	134	474	1,402	2,461	5,822	10,128	6,610	8,282	29.4	25.3
필리핀	1,174	502	838	928	947	980	1,117	1,497	1,857	6.6	24.0
일본	819	701	690	844	809	883	1,045	1,206	1,162	4.1	-3.6
캄보디아	*	*	*	19	72	157	394	1,804	659	2.3	-63.5
몽골	64	118	194	320	504	561	594	745	521	1.8	-30.1
우즈베키스탄	43	66	183	328	247	332	314	351	492	1.7	40.2
기타	962	1,004	969	1,218	1,252	1,136	1,236	1,359	1,354	4.8	-0.4

출처 : 통계청(2009). 2008년 혼인통계 결과.

한국 남자와 외국 여자와의 혼인은 총 2만 8,163건으로, 중국 1만 3,203건(46.9%), 베트남 8,282건(29.4%), 필리핀 1,857건(6.6%) 순으로 나타났다. 여기서 캄보디아 여자와의 혼인이 2008년 659건으로 전년보다 1,145건 감소하였는데 이는 캄보디아의 '국제혼인규제' 강화로 인한 영향으로 분석된다(통계청, 2009).

농어촌지역(읍·면부)의 외국인과의 혼인비율이 도시지역(동부)보다 높다. 2008년 외국 여자와 혼인한 건수는 도시지역(동부)이 1만 9천 9백 건으로 농어촌지역(읍·면부)의 7천 9백 건보다 많다. 그러나 외국 여자와 혼인한 비율은 농어촌 13.8%로, 도시 7.6%보다 높으며, 2008년 농림어업에 종사하며 혼인한 남자 6천 5백 명 중 38.3%인 2천 5백 명이 외국 여자와 혼인하였고 이들의 국적을 보면 베트남, 중국 순이다.

〈표 1-8〉 외국인과 혼인한 한국인의 혼인종류별 구성비 (단위 : %)

혼인종류		2000	2001	2002	2003	2004	2005	2006	2007	2008
한국 남자+ 외국 여자	초혼(A)	75.3	66.8	65.5	58.3	53.5	55.7	63.6	62.8	64.7
	재혼(B)	24.7	33.2	34.5	41.7	46.5	44.3	36.4	37.2	35.3
	비(A/B)	3.1	2.0	1.9	1.4	1.2	1.3	1.8	1.7	1.8
한국 여자+ 외국 남자	초혼(A)	63.2	61.2	63.3	56.8	45.9	43.3	55.2	57.6	58.4
	재혼(B)	36.8	38.8	36.7	43.2	54.1	56.7	44.8	42.4	41.6
	비(A/B)	1.7	1.6	1.7	1.3	0.8	0.8	1.2	1.4	1.4

출처 : 통계청(2009). 2008년 혼인통계 결과.

외국 여자와 혼인한 한국 남자의 초혼 구성비는 2008년 64.7%로 전년보다 1.9%p, 외국 남자와 혼인한 한국 여자의 초혼 구성비는 2008년 58.4%로 0.8%p 증가하였으나, 재혼에 대한 초혼비는 1.4로 전년과 같게 보고되었다(통계청, 2009).

〈표 1-9〉 부부의 평균 나이차 (단위 : 세)

	2000	2001	2002	2003	2004	2005	2006	2007	2008
한국 남자+외국 여자	6.9	7.5	7.9	8.3	8.4	9.1	11.6	11.5	11.8
한국 여자+외국 남자	6.6	6.5	5.2	4.0	3.1	2.7	4.1	4.3	4.1
한국 여자+한국 남자	2.7	2.6	2.6	2.6	2.6	2.5	2.4	2.4	2.3

출처 : 통계청(2009). 2008년 혼인통계 결과.

2008년 한국 남자와 외국 여자 부부의 평균 혼인 연령차는 11.8세로 전년보다 0.3세 증가하여, 한국인 부부의 혼인 연령차(2.3세)보다 9.5세 많으며, 2008년 한국 여자와 외국 남자 부부의 평균 혼인 연령차는 4.1세로 2000년 6.6세보다 2.5세 적어졌다. 이것은 한국인 부부의 혼인 연령차(2.3세)보다 1.8세 많고, 한국 남자와 외국 여자 부부의 혼인 연령차가 한국인 부부보다 9.5세 많았다.

〈표 1-10〉 2008년 외국인과의 이혼추이

구 분	2002	2003	2004	2005	2006	2007	2008
총 이혼건수	144,910	166,617	138,932	128,035	124,524	124,072	116,535
외국인과의 총 이혼	1,744	2,012	3,300	4,171	6,136	8,671	11,255
총 이혼대비 구성비	1.2%	1.2%	2.4%	3.3%	4.9%	7.0%	9.7%

출처 : 통계청(2009).

2008년도 전체 이혼건수 중 국제결혼부부의 이혼건수가 차지하는 비율은 9.7%인데, 2002년의 1.2%보다 크게 늘어난 것이다. 국제결혼 건수의 증가와 더불어 국제결혼 부부의 이혼건수도 매년 증가하고 있는 추세다.

나. 다문화가족 자녀의 현황

다문화가족 자녀는 58천 명으로 매년 증가추세이다. '06년에는 25천 명에서 '07년에는 44천 명, '08년에서는 58천 명으로 늘었다. 특히 6세 이하는 57.1%, 만 7~12세가 32.2%로 영·유아가 대다수를 차지하고 있다.

〈표 1-11〉 2009년 다문화가족 자녀의 연령별 현황

구 분	계	만 6세 미만	만 7~12세	만 13~15세	만 16~18세
학생수	103,484명	61,700명	27,568명	7,785명	6,431명
비 율	100%	59.6%	26.7%	7.5%	6.2%

* 행정안전부 통계상 외국인주민 자녀(107,689명) 중 부모가 모두 외국인인 경우는 제외
출처 : 행정안전부(2009).

초·중·고등학교에 재학하는 다문화가족 자녀는 급격하게 증가추세로 '07년 대비 '08년은 39.6%가 증가하였다.

〈표 1-12〉 다문화 아동청소년 재학생 현황

연 도	초		중		고		계	
	인원	증감(%)	인원	증감(%)	인원	증감(%)	인원	증감(%)
2005	5,332		583		206		6,121	
2006	6,795	27.4	924	58.5	279	35.4	7,998	30.6

연 도	초		중		고		계	
	인원	증감(%)	인원	증감(%)	인원	증감(%)	인원	증감(%)
2007	11,444	68.4	1,588	71.9	413	48.0	13,445	68.1
2008	15,804	38.1	2,205	38.9	760	84.0	18,769	39.6

출처 : 교과부(2009)

교육과학기술부 조사에 따르면 지난해 초·중·고교에 재학 중인 다문화가족 자녀는 약 2만 명으로 해마다 40% 가까운 증가세를 보이고 있다. 실제 원희목 한나라당 의원이 교육부 등에서 제출받은 국정감사자료에 따르면 다문화가족 취학 연령대 자녀 2만 4,867명 가운데 6,089명(24.5%)이 정규교육을 받지 못하고 있는 것으로 나타났다. 초등학교는 15.4%, 중학교는 39.7%, 심지어 고등학교는 69.6%가 학교에 다니지 않고 있었다. 이는 일반 가정에 비해 6~8배 높은 수치다(매일경제, 2009. 2. 16).

② 다문화가족 및 자녀의 문제점

가. 다문화가족의 문제점

1990년대 이후 급격히 증가한 여성결혼이민자들은, 국제결혼중개업자에 의해 상업적으로 주선된 결혼으로 결혼사기를 당하거나 인신매매형 결혼으로 이어지는 결혼과정에서 발생하는 문제와 결혼 후 언어, 문화적인 갈등 및 고부갈등 등 가족관계의 어려움으로 국내에 정착하는 과정에서 문제를 경험하며, 나아가 이혼이나 자녀양육의 어려움 등 다양한 문제를 겪게 된다. 그러므로 여성결혼이민자들이 조기에 한국 사회에 정착하고 안정적인 가족 및 사회생활을 영위할 수 있도록 이들을 지원할 필요가 증가하고 있다(조희금, 2009 : 5).

〈표 1-13〉 한국인이 외국인과 결혼해서 겪는 어려움 (단위 : %, 명)

한국인 배우자 조사			배우자와 의사소통	배우자 비자갱신·국적취득 문제	배우자 한국생활 지원 부담감	이민자에 대한 편견·차별	자녀문제(양육·교육)	배우자와 본인 가족 간의 관계 중재	본인과 배우자 가족과의 관계	문제 없음
전 체		(1100)	13.0	8.8	7.3	6.4	5.5	2.5	1.4	55.1
성별	여성	(56)	1.8	14.3	7.1	10.7	3.6	0.0	3.6	58.9
	남성	(1044)	13.6	8.5	7.3	6.1	5.7	2.7	1.2	54.9
성별·거주지별	여성	(56)	1.8	14.3	7.1	10.7	3.6	0.0	3.6	58.9
	남성-도시	(808)	12.0	9.3	8.4	6.2	5.1	2.6	1.5	55.0
	남성-농촌	(236)	19.1	5.9	3.4	5.9	7.6	3.0	0.4	54.7
성별·출신국별	여성-조선족	(42)	0.0	16.7	2.4	11.9	4.8	0.0	4.8	59.5
	여성-한족	(9)	0.0	11.1	22.2	11.1	0.0	0.0	0.0	55.6
	여성-기타	(5)	20.0	0.0	20.0	0.0	0.0	0.0	0.0	60.0
	남성-조선족	(489)	4.7	9.8	5.1	6.7	4.9	2.9	1.0	64.8
	남성-한족	(106)	13.2	8.5	7.5	2.8	2.8	2.8	0.0	62.3
	남성-베트남	(181)	33.1	8.8	9.4	6.1	5.0	2.2	2.8	32.6
	남성-일본	(102)	11.8	4.9	8.8	9.8	11.8	3.9	1.0	48.0
	남성-필리핀	(98)	25.5	5.1	10.2	4.1	3.1	3.1	0.0	49.0
	남성-기타	(68)	11.8	8.8	10.3	4.4	11.8	0.0	2.9	50.0

출처 : 설동훈(2006 : 95). 결혼이민자 가족실태조사 및 중장기 지원정책 방안연구.

설동훈(2006)에 의하면, 한국인이 외국인과 결혼해서 겪는 어려움에 대하여 응답자들은 "배우자와의 의사소통(13.8%)", "배우자의 비자갱신 및 국적취득과 관련된 문제(8.8%)", "배우자 한국생활 적응을 도와야 하는 부담감(7.3%)", "이민자에 대한 편견·차별(6.4%)", "자녀문제(양육·교육)(5.5%)", "배우자와 본인 가족 간의 관계 중재(2.5%)", "본인과 배우자 가족과의 관계(1.4%)" 등을 지적한다(표 1-13). '남성 이민자와 결혼한 한국인 여성' 집단은 배우자의 "비자갱신 및 국적 취득과 관련된 문제(14.3%)"와 "이민자에 대한 편견·차별 문제(10.7%)"를 주로 힘들어하는 반면, '여성 이민자와 결혼한 한국인 남성'은 "배우자와의 의사소통 측면(13.6%)"을 가장 어려워한다고 보고하였다.

이에 이들이 겪는 다양한 문제점들에 대해 설동훈(2006), 이소희·최운선(2008), 김민화·신혜은(2008), 이순실(2008), 송영지(2008), 김경자(2008), 이지애(2007), 강복정(2009)의 논의를 종합해 보면, 다음과 같이 일곱 가지로 정리할 수 있다.

첫째, 사회적 편견 및 문화차이의 문제이다

순혈주의 중시 풍토로 민족성을 강조하는 우리 사회에서 여성결혼이민자들을 한국으로 팔려온 씨받이로 이해한다거나 혹은 한국에 돈 벌기 위해 정상적 결혼생활을 할 의사가 없으면서도 온 것, 또는 비정상적인 가족으로 생각하는 등 국제결혼을 사회문제의 원천으로 보는 편견이 우리 사회에 잔존하고 있으며, 우리나라의 여성에 대한 배제와 차별성이 내포되어 있는 남성 및 혈통 중심의 가부장적 성정체성과 가족구성, 음식문화, 가족 내 역할 기대, 한국문화를 따라야 한다는 남편이나 시댁의 요구 등의 이중문화의 존재로 인한 갈등들은 문화적 압축의 장인 다문화가족에서 외국인 어머니들에게 자신의 모국문화를 적극적으로 전수하지 않는 요인으로 보이며, 이러한 문제들은 다문화가족에 가정적·사회적 여러 가지 혼란과 문제를 야기한다. 이에 다문화가족은 상호문화에 대한 쌍방적 이해가 반드시 요구되며, 실제로 이중문화적 동일시를 하는 경우 '편한 방식으로' 자유롭게 두 문화를 코드 전환하는 양상을 보였는데 상황과 맥락에 따라 능동적으로 두 문화를 오가면서 그 과정에서 실용적이고 절충적인 선택을 하는 것으로 나타났다.

둘째, 언어소통의 어려움이다

한국어 구사 능력이 부족한 데서 오는 의사소통의 어려움은 가족 간의 대화단절, 사회적 정보, 자원, 취업의 고립, 지역사회 내에서 이웃과의 친밀감 형성의 어려움, 병원 및 교육기관 연결의 어려움을 초래하며 이는 자신감 결여, 소외감, 불안감을 주는 원인이 된다. 언어는 개인의 정체성 및 인권, 나아가 자녀 양육에도 영향을 미치므로 가족 내 원활한 언어소통이 이루어질 수 있도록 상호 언어적 습득에 최우선점을 두어야 할 것이다.

셋째, 이혼율이 급증하는 문제이다

가정폭력과 불화 등으로 인한 가족의 불안정성으로 최근 국제결혼가정의 이혼율이 급격하게 증가하고 있다. 가족들 사이에서 기본적인 친밀감과 신뢰감이 없는 상태에서 갈등이 생기거나, 결혼이 종교적·경제적 목적에 의한 것일 경우, 어느 정도 적응기간이 지날수록 서로에 대한 권한이나 의무에 차이가 있기 때문에 갈등이 심화되기도 한다. 그로 인해 의사소통이 잘 되지 않는 부부의 불화나 가정폭력, 가출, 이혼 등은 다문화가족 자녀의 정상적인 성장·발달을 크게 위협하는 요인이 될 수 있다.

김새롬(2006)은 이러한 부부갈등을 지각한 남·여 아동의 정서조절능력, 자기통제력, 사회불안은 상관이 있으며, 부부갈등과 사회불안의 관계에서는 남아보다 여아가 부부갈등에 대한 영향을 더 많이 받는 것으로 나타나 결과적으로 낮은 자아존중감을 획득하게 된다고 보고하였다. 이에 적극적인 다문화가족 관계에 대한 이해와 적극적인 갈등해결이 필요하겠다.

넷째, 경제적 어려움이다

다문화가족이 처한 어려움 중의 하나는 낮은 소득수준이다. 국제결혼을 하는 한국 남성의 경우 대부분이 경제적 빈곤과 사회적 하위계급의 성격을 띠고 있어 경제적 어려움을 겪고 있다. 2005년도 가구당 최저생계비를 기준으로 할 때 여성결혼이민자 가정의 52.9%가 최저생계비 이하의 소득수준에 있는 것으로 나타나 국제결혼 이주여성가구의 절대빈곤문제가 심각하다는 것을 알 수 있다. 2007년 3월 여성가족부의 결혼이민자 실태조사 발표에 따르면 결혼이민자 가족의 평균 가구소득은 185만 원으로 한국 전체 가구소득 313만 원의 59% 수준이며, 생산직 가구소득의 68%에 불과하다. 또한 최저생계비 이하 소득수준을 가진 가구가 전체의 41.9%이며 남편들의 직업이 농림어업인 경우가 38.9%, 무직이 10.5%, 단순노무가 10.2%가량이다. 반면 여성결혼이민자는 34.2%만이 취업을 하고 있으며 이들의 월평균 소득은 67.1만 원이다. 다문화가족의 많은 경우에서 생계부양자인 가장의 연령이 높고 직업지위가 낮아 경제활동에 종사할 수 있는 기간이 짧은 것을 감안하면 이들이 경제상황이 미래에 더 나아지리라고 보기 어렵고 오히려 악화될 가능성이 많다고 본다. 이러한 상황이 지속된다면 다문화사회에서 새로운 소외계층이 형성될 수 있으며, 사회의 양극화를 더욱 심화시킬 수 있다. 이와 같이 경제환경이 열악한 것이 그들의 사회적응을 어렵게 만들 뿐 아니라 자녀교육의 어려움을 가중시키고 있다.

다섯째, 자녀양육 및 교육의 어려움이다

결혼이민여성의 평균연령은 비교적 낮은 편으로 어머니로서의 역할을 감당할 수 있는 정신적 준비 및 성숙, 지식이 부족한 상태에서 어머니가 되는 경우가 많고, 대체로 결혼과 동시에 입국하여 한국의 풍습과 한국어 그리고 결혼생활 적응 전에 곧 자녀출산과 양육에 들어가게 됨으로써 어린 자녀에 대한 물리적·정서적으로 양질의 돌봄이나 적절한 훈육을 제공하지 못하는 경우가 발생하고 있다. 자녀가 연령이 어린 시기에는 자녀교육을 위한 열망은 있으나 실천이 어려운 상황에 처해 있다가 자녀가 학교에 다니는 시기에는 사교육비 부담과 준비물 챙기기, 숙제 도와주기 등에서 어려움을 호소하고 한국의 학교문화에 대한 지식과 경험의 부족으로 학부모로서의 역할수행에 갈등을 느낀다.

또한 자녀가 성장할수록 부부의 서로 다른 가치관과 생활 풍습은 자녀를 혼란스럽게 하고 자녀의 양육과 교육이 거의 어머니의 역할과 책임으로 돌려지는 우리 사회에서 결혼이민여성들에게 어머니 역할 수행에 더욱 어려움을 갖게 한다. 이것은 자신이 적절한 도움을 줄 수 없음에 좌절하고 무력감을 느끼게 될 가능성으로 연결되며, 자녀들이 성장함에 따라 국적과 정서는 한국인이나 외모는 외국인의 모습을 하고 있어 사회 속에서 배제당할 여지가 있으며 소외계층으로 전락할 위기가 있다고 보았다. 따라서 다문화가족의 자녀들의 교육적·정서적·경제적 측면의 다각적인 접근이 필요하다.

여섯째, 법적 지위가 불안정하다

여성결혼이민자의 법적 지위의 불안정으로, 위장결혼 증가와 그에 따른 피해 방지 목적으로 여성결혼이민자는 한국국적을 획득하기 위해서 2년 동안 체류비자(F2) 자격으로 국내에 거주해야만 한다. 국적을 취득하기 전까지는 항상 불안정한 신분 상태를 유지하여야 하므로 어려움을 겪는다.

일곱째, 보건 · 의료보장의 문제이다

여성결혼이민자의 의료서비스 접근성이 낮고 모성건강 위험도가 높은 문제가 있으며, 여성결혼이민자의 23.6%가 실질적인 의료보장 체계(건강보험, 의료급여) 안에 들어가 있지 못하고 있다. 이는 여성결혼이민자는 국민건강보험의 임의가입대상임에도 불구하고 외국인이 본래 가입이 안 되는 것으로 잘못 알고 있기 때문이다. 그리고 농촌 거주자 중 불임여성이 25%(전체 11.4%), 자연유산 경험률이 13%(전체 9.1%)로 모성건강의 위험도가 높게 나타났다고 기술하였다.

이와 같이 다문화가족의 여러 가지 문제점을 살펴본바, 국제결혼으로 이루어진 다문화가족은 여러 가지 문제점을 안고 있으며 하나의 어려움이 그것으로 끝나는 것이 아니라 이들의 결혼생활 전반에 영향을 미쳐 다중적인 어려움을 겪게 한다.

다음의 표는 강복정(2009 : 30-33)이 다문화가족지원센터를 중심으로 지난 4년간 검토한 다문화가족의 갈등의 유형을 정리한 것이다.

〈표 1-14〉 다문화가족의 갈등유형

<table>
<tr><td rowspan="3">가족갈등</td><td rowspan="2">부부관계</td><td>아내의 주요 호소내용</td><td>돈 때문에 시집왔다는 의심, 시댁가족들의 지나친 간섭, 본국과 외부와의 전화통제, 생활비 안 주기, 시부모와 기타 친인척의 통제(한국풍습 가르치기 위해), 용모통제(파진 옷, 짧은 옷 태우기), 상품으로 취급(말 안 들으면 본국으로 보낸다고 협박), 한국에 적응하기 위한 한국 음식 먹기 및 요리하기 강요, 신분증 빼앗고 안 주기, 한국어교육에 참여시키지 않기, 자국민 모이는 곳에 보내지 않기, 컴퓨터 가르치지 마라, 빨리 임신시켜라, 원하지 않는 성행위 강요, 도망갈 것이라고 의심</td></tr>
<tr><td>남편의 주요 호소내용</td><td>지속적인 본국으로의 송금요구, 물건 사달라고 조르기, 가사노동 기피, 시부모를 무시, 게으름, 폭력적, 자국 남자와의 채팅, 과도한 소유욕(질투, 시기, 의부증), 부모, 형제 초청에 대한 과도한 요구, 성생활 기피, 임신기피</td></tr>
<tr><td>부모자녀관계</td><td colspan="2">자녀와 의사소통의 어려움으로 오는 대화 단절에서 오는 갈등, 어머니를 무시하는 자녀의 태도에서 오는 갈등문제, 재혼인 경우 전처의 자녀와의 관계 어려움, 이성결혼이민자 자녀와의 갈등문제, 부모가 자녀와의 의사소통에서 오는 심리적인 문제와 자녀의 학습에 대한 충분한 능력을 보여주지 못함에서 오는 문제, 학령기 자녀의 학교 및 가정생활지도 어려움</td></tr>
</table>

자녀 양육	여성결혼이민자의 한국어 미숙으로 인한 자녀의 언어발달과 교육문제, 자녀생활지도 능력 미숙으로 인한 문제, 자녀의 교육기관과의 의사소통의 어려움의 문제, 자녀의 정체성 혼란으로 인한 문제해결능력 부족문제, 자녀 양육 및 지도방법의 미숙함, 남편의 전처 자녀의 양육문제, 학령기 자녀의 학교생활, 또래와의 어울림(왕따문제), 자녀의 학습지도 어려움, 자녀의 발달장애, 학습지연 등, 국외 체류자녀 한국입적문제, 자녀의 언어교육 문제(언어발달 미숙), 출산 후 신생아 및 산모의 건강문제, 여성결혼이민자의 자녀양육관의 차이에서 발생하는 갈등문제, 임신과 출산, 자녀양육에 대한 사전지식이 부족, 신생아 목욕법과 기저귀 갈기, 영양 간식, 자녀신체발달, 학습 등의 문제, 과도한 사교육비 부담 문제
고부 관계	시어머니와의 의사소통의 어려움에 오는 갈등문제, 외출금지, 교육장 감시 등 지나친 사생활 간섭에서 오는 갈등문제, 결혼이민자 여성에 대한 시부모님의 비인격적인 대우, 한국 고유의 전통적인 시댁, 시누이와의 관계의 이해 부족에서 오는 갈등문제, 강제성을 동반한 취업요구 또는 취업반대로 인한 고부갈등문제, 남편과의 갈등이 시부모와의 갈등문제로 비화된 경우, 결혼이민여성이 본국의 어머니를 초청하여 한 집에서 함께 거주하는 경우, 아이에 대한 시어머니의 무관심, 치매 또는 장애 시부모님 부양 부담문제
가정·성폭력	남편의 지나친 음주와 폭력 및 자녀의 정서불안 문제, 시아버지의 폭력, 음주 후 배우자의 성행위 강요, 의사소통 부족으로 인한 감정교류 차단 및 폭력적 성생활 그로 인한 스트레스, 이민 및 출산 강요, 과도한 성관계 요구 또는 성생활 거부 문제, 많은 나이 차이와 문화적 차이에서 오는 성생활 불만
가정 경제	남편의 경제력 상실·부족으로 인한 가정경제의 어려움, 부인의 경제적 권한이 전혀 없거나 개인용돈을 전혀 주지 않음에 따른 고충, 배우자의 과도한 소비로 인한 가정경제의 어려움, 결혼이민여성은 본국에 송금하기 위해 취업을 원하는 반면 남편은 경제력 부족으로 아내의 송금을 반대하는 문제, 직장에서 남편의 급여가 연체되거나 남편의 실직에 따른 어려움
취 업	결혼이민자 여성의 취업 일자리 알선 요구, 직종별 취업요건이나 취업알선에 대한 문의, 남편의 취업상담, 취업교육에 대한 문의, 의사소통 능력이 부족한데도 무조건 돈을 벌고자 하는 의욕만 있는 경우
이 혼	배우자의 외도 및 배우자의 가정생활 소홀로 인한 이혼청구, 결혼중개업소의 잘못된 정보로 인한 이혼청구, 임신 중 친자의심으로 인한 이혼청구, 이혼 후 자녀양육문제, 이혼 관련 필요서류 및 절차문의, 남편의 이혼기피 관련 상담, 결혼이민여성의 가출이나 무단귀국으로 인한 남편의 이혼소송
체류·국적	이혼 후 한국체류에 관한 상담, 결혼이민자의 친지초청 및 체류관련 상담, 국적취득에 대한 문의사항이나 불법체류자로 거주하고 있지만 벌금을 내지 않고 외국인등록증을 연장시키거나 한국에 거주할 수 있는 방법, 외국인등록증 연장에 대한 상담, 한국에서 결혼하여 잘 살려고 노력하였지만 시댁가족이나 남편이 체류의 문제나 국적취득을 미끼로 부당한 대우를 하고 있으며, 여권이나 외국인등록증을 본인에게 주지 않고 시댁가족이나 남편이 가지고 있음, 국적취득 절차에 관한 상담, 여성결혼이민자의 국적취득에 관해 남편의 동의 기피와 불합리함에 대한 상담
인 권	남편의 시댁식구들의 결혼이민자 여성에 대한 비인간적 대우(외출금지, 언어폭력, 신체학대), 결혼이민자 여성의 사회적인 편견과 무시로 인한 어려움에 대한 상담, 무시당하는 느낌과 기대에 어긋나 우울증에 시달림, 부인이나 며느리를 가족으로 생각하지 않고 일꾼이나 파출부 개념의 대접을 하고 있으며 임신을 해서 본국의 음식을 먹고 싶어 이야기하면, 더욱 심하게 대하고 한국말도 모른다고 하여 집 안에 거의 감금상태로 있는 경우도 있음

문화갈등	언어 및 의사소통	의사소통 장애 및 심리위축, 높임말 사용의 어려움, 출신국가나 교육 정도에 따른 발음 및 언어 습득의 어려움
	의·식·주의 일상생활, 가치관(남존여비, 가사일, 경제활동, 자녀양육관, 빨리빨리 문화, 감정표현, 대인관계, 종교, 공동생활, 기타), 풍습(인사예절, 존댓말, 가족행사, 결혼관, 장례 및 제사, 이사)의 차이에서 오는 갈등	
	임신시기 및 출산, 산후조리의 차이	

나. 다문화가족 자녀의 문제점

다문화가족 자녀의 수가 빠른 속도로 증가하고 있는 요즈음도 한국 사회에서는 혼혈인에 대한 차별과 무관심이 여전하다고 하였다(전남일보, 2007. 5. 24). 다문화가족 자녀가 겪는 어려움에 대하여 김경란(2007), 김예리(2009), 이소희·최운선(2008), 이순실(2008), 손민정(2008), 송영지(2008), 신효선(2007), 이지애(2008), 정현영(2006), 정은희(2004)가 지적한 부분을 종합하면 다음의 다섯 가지로 분류할 수 있다.

첫째, 문화적 차이와 사회적 편견에 따른 어려움이다

우리나라의 다문화교육은 다문화가족 자녀들만을 대상으로 이들을 일방적으로 한국문화에 편입시키려는 이른바 '동화주의(assimilation)'를 못 벗어나고 있다. 일반 학생들이 다문화 현상을 이해하고 다문화가족 2세들과 편견 없이 어울리도록 하는 교육은 전무하다. 미국 등 선진국 다문화 정책을 보면 이민 2~3세들을 단순히 자국문화에 융화시키는 '용광로(melting pot)주의'는 이제 옛말이다. 문화 다원주의에 입각해 다양한 언어·문화적 특성을 존중하면서 새로운 국가경쟁력으로 승화시키는 '샐러드볼(salad bowl)' 주의가 새로운 트렌드가 되었다(매일경제, 2009. 2. 16). 그러나 우리나라의 국사, 윤리, 사회 등의 교과서에서 '세계에서 보기 드문 단일민족 국가', '단군의 자손', '한민족' 등과 같은 민족주의·순혈주의 표현이 학교 현장에서 뚜렷하고 국제결혼 가정 자녀들에 대한 편견과 차별이 일선 학교에서는 상존할 수밖에 없다.

단일민족이라는 뿌리 깊은 자부심 때문에 다문화 자녀들이 이유 없이 학교에서 따돌림당하는 것이 종종 목격되는 현실 속에서, 다문화가족 자녀는 부모의 서로 다른 가치관과 생활 풍습으로부터 어떤 것을 따라야 할지 혼란을 겪을 수 있다. 또한 이들은 두 나라 문화가 혼재된 가정교육과 대한민국의 학교교육을 동시에 경험하면서 정체성 형성에 혼란을 느끼게 된다. 이러한 정체성의 혼란은 대인관계의 형성과정에도 부정적으로 작용하며, 또래들로부터 놀림을 당하거나 자신감을 잃어 학교교육에서도 주변으로 밀리게 한다.

그러므로 단일문화 속에서 자란 아동들이 미리 다문화사회를 대비할 수 있도록 하며, 다문화가족 자녀들이 한 세대 이후 한국 사회를 이끌어 갈 새로운 흐름이 되도록 사회적 편견으로부터 그들을 보호하고 서로의 고유한 문화를 존중하는 건전한 가치관을 형성할 수 있도록 서로가 가진 좋은 점들을 배울 수 있는 기회를 학교가 만들어 주어야 한다.

둘째, 언어습득 환경에 따른 어려움이다

다문화가족의 결혼이민자 여성들은 결혼과 더불어 한국 생활에 적응이 이루어지지 못한 채 낯선 환경 속에서 자녀를 출생하게 되어 좌절과 무력감을 경험하게 되고, 자녀들은 출생과 동시에 일반 가정의 자녀들과는 다른 이중 언어 환경 및 문화에 노출된다. 어머니의 성격 특성, 출신국, 학력수준, 가족들의 지원정도에 따라 차이가 있기는 하지만 영아를 효과적으로 돌보고 양육하는 역할을 해내는 데 어려움을 가지는 경우가 많다.

여러 학자들을 통해 출생 후 최소 18개월 동안 주 양육자(엄마)와의 정서적 친밀감, 즉 엄마와의 안정된 애착형성은 자녀의 전 생애를 거쳐 성격과 인성형성에 지대한 영향을 끼치게 된다. 중요한 시기에 엄마가 가장 자신 있는 언어로 아이에게 다양한 자극과 사랑을 주는 것은 너무나 당연한 일이며 중요한 발달과업 중의 하나이다. 영유아기는 주 양육자와의 애착형성이 중요한 시기이며 이를 위해 양육자와 언어적·비언어적으로 긴밀한 상호작용이 필요하다.

특히 우리나라에서 제2외국어로 대접받지 못하는 언어를 가르치는 것에 대해서는 남편과 시댁이 극히 반대하는 경우가 많다. 외국인 어머니가 한국어 습득이 되어 있지 않은 상태에서 자녀와 한국어로만 대화하기를 가족으로부터 강요받을 경우, 어머니의 모국어 또한 전혀 구사할 수 없을 뿐만 아니라 주 양육자인 모와의 제한적인 상호작용으로 인해 한국어 수준이 또래에 비해 떨어지는 것으로 나타난다.

이러한 언어습득 환경의 어려움에 관한 연구를 살펴보면, 정순연(2008)은 유아기 언어발달은 어휘를 포함한 언어발달에 있어 결정기라고 할 만큼 1~5세 동안에 어휘는 수평적·수직적 확장과 과잉 확장·과잉 축소를 통해서 급속도로 발달하게 되고, 이 시기에 어휘발달이 지체되면 향후의 어휘발달뿐 아니라 전반적인 언어발달의 지체 현상을 가져올 수 있으며 다문화가족 유아의 언어능력은 만 3세경에는 생활연령과 비슷한 수준이었으나 연령이 증가할수록 생활연령과 언어발달 연령 간의 차이가 점점 벌어져서 언어능력이 낮아지는 것으로 나타났다고 하였다. 양재찬(2006)은 영유아기 때 우리말을 제대로 배우지 못해 그 능력이 떨어지면 학교에 들어가서도 학습능력 부진으로 이어지며, 그뿐 아니라 또래 집단과의 언어 소통의 어려움은 집단 따돌림의 중요한 요인의 하나로 작용할 수 있다고 하였다. 김효정(2008)은 다문화언어 환경 아동이 단일언어 환경 아동에 비해 제한적인 어휘사용과 생활연령이 증가하여도 표현어휘에 제한을 받는다고 보고하였다. 안원석(2007)은 다문화가족 자녀의 표현실태분석 연구에서 다문화가족 자녀들이 글쓰기 수준에서 상당히 많은 문제점을 보이고 있다고 하였으며, 오성배(2005)에 따르면, 농촌 지역 다문화가족 아동의 68%가 언어표현에 있어 지체 가능성을 보였으며, 일상적인 의사소통에는 큰 무리가 없으나 독해, 어휘력, 쓰기, 작문 능력이 일반 아동에 비해 현저히 떨어진다고 한다.

이러한 언어발달의 지체는 아동이 자신의 의사를 자유롭게 표현하는데 장애가 되며, 부모·자식 간의 대화를 통하여 서로를 이해하거나 자기를 이해시키거나, 가족 이외의 대인관계, 즉 확대가족이나 학교, 지역사회에서 만나는 사람들과의 관계에서 소극적이고 회피적인 태도를 보이거나 폭력적인 방법으로 의사표현을 하게 된다고 하였다. 연구들에서는 다문화가족의 유아들 중의 상당수가 사회적 관계형성에 있어서 또래와의 교류가 적고 혼자놀이를 즐기며 방관자적인 자세를 취하였으며 교사와의 상호작용에서도 이야기를 잘 이해하지 못해 대답을 하지 못하거나 엉뚱한 대답을 하기도 하고 대체로 아주 짧은 대화에 머무르는 경향을 보인다고 한다. 그러나 김경미(2008)는 다문화가족 아동의 경우 어머니의 교육연수가 길고, 가정 내 한국어 사용비율이 높을수록 아동의 이해어휘 능력이 높게 평가된다고 보고하여 모든 다문화가족 자녀가 다 어려움을 겪는 것은 아니라는 점을 시사한다.

위의 연구에서 살펴보았듯이 생후 초기의 이중 언어 환경이 언어발달에 어떠한 영향을 미치는가에 대해서는 학자들에 따라 논란이 많다. 그러나 이것은 시간문제에 불과하다. 그들은 초기 얼마 동안에는 언어발달의 혼란과 지체가 있을 수 있다는 것에 일치하고 있으며 성장해 가면서 이것이 어느 정도 극복되어 이중 언어를 사용할 수 있게 된다는 것에도 대부분 동의하고 있다. 어느 정도 시간이 흘러 이들이 학습에 참여할 정도로 제2언어를 습득하게 되면 오히려 단일 언어만을 구사하는 어린이보다 학습능력이 더 나을 수도 있다는 연구들이 발표되고 있다. 따라서 외국인 어머니가 한국어에 다소 서툴더라도 자녀와의 적극적인 상호작용을 시도하는 것이 중요하다.

셋째, 정체성 형성의 어려움이다

국내의 연구에서도 다문화가족의 자녀들이 국가에 대한 낮은 소속감과 자아정체감, 그리고 상당수는 이중정체성을 가지고 있는 것으로 밝혀졌는데 특히 이들 가운데 자신을 '한국인과 외국인 모두'로 또는 '외국인'으로 규정하는 경우가 많다(정하성 · 우 룡, 2007)고 하였으며, 보건복지부(2005)의 실태조사에 살펴보면, 자녀가 또래 아이들로부터 집단 따돌림을 경험했다는 비율이 조사대상의 17.6%였다. 따돌림 이유는 '엄마가 외국인이어서'가 34.1%로 가장 높았고, '의사소통이 잘 안 되어서'가 20.7%로 나타났다. 또한 4.9%가 외모가 다르다는 이유로 따돌림을 경험하였다.

대부분의 다문화가족 자녀의 부모 중 한 명은 외국인인 경우가 많아 태생부터 외모의 차이가 있을 수 있다. 이로 인해 성장하면서 또래집단으로부터 집단 따돌림이 있을 수 있는데 이것은 피부색이나 생김새가 조금 다른 다문화가족 아동은 본인의 의사와 무관하게 결정된 용인, 또는 본인의 노력에 의해 해결될 수 없는 이유로 집단 따돌림을 경험하기 때문에, 매우 건강하지 못한 정서적 충격(자살충동, 적개심 등)을 경험하게 된다(조영달, 2006). 국가인권위원회(2004)에 의하면, 국내에 거주하는 혼혈인들 중에 42.2%가 피부색으로 인한 교육, 고용, 혼인에 있어서 지속적인 차별 등으로 인해 자살을 시도한 경험이 있다고 하였다. 또한 부모가 각각 다른 국가에서 다른 문화적 의식구조, 가치관을 가지고 살아왔기 때문에 우리나라의 가부장적인 문화와 부모의 문화적 의식구조와 생활풍습의 서로 다른 가치관과 생활풍습 중에서 어떤 것을 따라야 할지 정체감 혼돈을 겪을 수 있다.

그러나 대부분의 경우는 부모, 같은 혼혈 및 한국인 친구, 이웃 등 주위사람들과의 관계가 원만한 것으로 나타났다. 사회적 차별, 외모에 대한 놀림, 심리, 정신적 문제 등에 있어서도 각 영역별 문제의 심각성이 크지는 않았으나 부모의 서로 다른 문화적 배경, 언어소통 장애, 사회적 편견으로 인해 학교 및 사회생활에 있어서 적응상의 어려움을 겪고 있는 것도 사실이다. 다문화가족 자녀의 대부분은 주류문화인 한국문화를 선택하고 유지하는 반면에 외국인 어머니의 문화에 대해서는 접촉할 수 있는 기회의 부족으로 전혀 모르거나 매우 피상적인 수준에 머물러있는 경우가 많다.

정체감이 잘 형성된 다문화가족 아동의 경우 자신의 양쪽 인종과 민족에 대해 잘 이해하며, 다른 사람들이 물어도 자신 있게 대답하지만, 인종이나 민족과 관련된 경험을 할 기회가 없거나 개방적으로 이야기할 수 없는 환경에서 자란 아동은 인족·민족에 대한 문제를 외면하게 된다. 정체감 형성은 청소년기의 주요 발달 과제라고 할 수 있지만, 청소년기에 갑자기 이루어지는 것이 아니라 이전 단계의 발달을 바탕으로 평생 동안 발달하게 되는 것이다. 따라서 유아기에 특별한 다문화교육을 받지 않고, 그대로 초등학교에 입학하는 경우, 유아의 편견이 초등학생의 인종 편견 실태와 무관하지 않다고 볼 수 있다. 그리고 청소년기는 어느 시기보다 자신의 정체성에 대해 민감하게 생각하기 시작하는 시기이다. 따라서 이 시기에 다문화가족 자녀들은 정체감의 위기와 혼란을 더 심각하게 겪을 수 있다. 다문화가족의 십대들은 '나는 어디에 적합한

가'라는 질문을 스스로에게 던지게 되며 사회적 수용에 대한 불안과 거부에 대한 두려움으로부터 상처받기 쉽다. 이러한 정체감 갈등과 더불어 학교에서 학업 및 행동상의 문제를 더 많이 갖는 경향이 있다.

이미 다문화사회의 경험을 가진 외국의 연구들은 다문화가정 청소년들이 부모의 인종, 민족적 배경에 대하여 양가감정을 가질 수 있으며 때로는 반발심리를 갖거나 반대로 숭배심리를 갖기도 한다고 한다. 반발심리로는 학교와 사회적 상황에서 같은 민족 또래들과 거리를 두거나 민족문화에 대한 동일시를 거부하고 주류집단에 동일시하고자 한다. 그러나 이들은 심리·사회적으로 주류로부터 배제되어 주변화집단을 구성하게 된다. 또한 두 문화 사이에 놓여 어느 쪽 문화에도 받아들여지지 않아 주류집단과 소수집단의 또래들로부터 거부당할 가능성도 있다고 본다. 따라서 명확한 인식이 확립되지 않은 유아기부터 초등학교 저학년 시기에 자신에 대한 올바른 정체감을 형성할 수 있도록 가족과 자신에 대해 개방적으로 이야기할 수 있는 환경과 인종이나 민족에 대해 올바르게 이해할 수 있는 교육의 기회를 제공하고, 부모의 양쪽 문화를 동일시하며 두 문화의 전통과 가치를 모두 유지하는 이중문화 소유자의 경우 상황과 맥락에 따라 능동적으로 두 문화를 전환하며 그 과정에서 실용적으로 절충적인 선택을 할 수 있도록 하며, 부모나 교사, 친구 등의 중요한 주변인들이 가질 수 있는 편견에 대해 개방적으로 이야기하고, 자신의 의견을 이야기할 수 있도록 하는 반편견 능력을 길러주는 것이 필요하다.

또한 다문화가족 아동의 언어발달 상태와 신체적 특징, 자기 자신에 대한 정체성 형성 여부에 따른 문제점은 아동 스스로 자신의 특성을 바르게 인식하고, 존중할 수 있도록 자기 이해가 선행되어야 할 것이다. 다문화가족 자녀들이 정체성의 모호함과 위기를 일시적으로 경험할 수 있겠지만 지지적인 환경이 제공된다면 이중문화적 정체감을 성공적으로 통합할 수 있게 될 것이다. 최근 미국의 대통령으로 선출된 버락 오바마의 경우는 바로 이러한 예를 가장 잘 보여주는 것이라고 하겠다. 뿐만 아니라 역사상에 위대한 업적을 남긴 이들 가운데 상당수가 그가 속한 사회의 주변인으로서 커다란 정체감의 위기를 겪고 이를 잘 극복해낸 사람들인 경우가 많았다.

넷째, 학교 적응의 어려움이다

설동훈(2005)에 의하면 교육인적자원부의 2001년 기준자료에 결혼이민자가족 자녀의 초등학교 미진학 또는 공교육 중도 탈락률이 17.5%에 이르는 것으로 나타났다. 이들의 중도 탈락률이 높은 이유에 대한 설문조사 결과를 보면, 학교생활의 적응에 따른 어려움이 중요한 이유였다. 이들은 일반 한국인 가정의 자녀에 비해 학업에 있어서 뒤처지는데 이는 그들의 부모가 대부분 사회적·경제적 기반이 취약하고 이로 인해 소득이 낮고 학습환경이 열악하기 때문이다(조영달, 2006).

다문화가족 자녀의 문제가 심각하게 부각되기 시작하는 것은 그들이 학령기에 접어들어 학교적응의 어려움이 드러나면서부터이다. 다문화가족 자녀들은 공동체 생활이 시작되면서 엄마를 무시하는 행동을 하게 되며, '엄마 지금 한국말 했어? 베트남어 했어?'라고 엄마에게 부정적인 반응을 보이기 시작한다. 일부 아동들은 엄마가 외국인이라는 사실을 부인하거나 창피해 하면서 친구들에게 '우리 엄마는 미국사람이다'라고 거짓말하는 경우도 있고, '엄마 왜 이것도 못해요'라고 외국출신 모에 대한 불만을 공개적으로 표현하거나 엄마가 학교에 오는 것을 꺼리는 경우도 있다(이소희·최운선, 2008)고 한다.

○○초등학교 교장선생님은 일상 언어만 소통되던 엄마들이 알림장을 이해하지 못하여 어려움을 겪고 있으며, 그 예로 체육대회 시 콩주머니를 준비해 오라는 알림장을 보냈으나 콩주머니가 무엇인지 몰랐다고 하였다. 또한 자녀들의 가장 많이 지적되는 문제는 이들의 학교 부적응 문제이다. 이들이 정서적으로 민감해지는 중·고등학교 시기가 되면 또래 학생들의 편견과 차별을 견디지 못하고 학교를 포기하는 사례가 늘어나 사회적 문제가 될 소지를 안고 있다.

그러나 최근의 연구(권순희, 2007)에서는 다문화가족의 자녀들의 학교적응이 무조건 열악한 것은 아니라는 보고가 있다. 또래 학생들이 다문화가족 자녀들을 수용하는 정도는 이들의 외모 특성과 태도에 따라 차이가 있었다. 피부색이 다르고 생김새가 다른 아동의 경우 또래들의 놀림의 대상이 되기는 하지만 이들이 고학년이 되면 오히려 학생들이 한국어가 서툰 친구를 배려하는 모습이 관찰된다고 한다. 또한 외모에서 차이가 드러나지 않아도 학생 스스로 자신 있게 자신이 다문화가족의 자녀임을 드러내는 경우 다른 학생들이 자연스럽게 그 사실을 받아들이는 모습을 관찰할 수 있다고 하였다.

다섯째, 경제적 문제에 따른 어려움이다

현재 초등학교에 재학 중인 다문화가족 자녀를 두고 있는 대부분의 다문화가족은 한국에서 경제적으로 무능하거나 사회적으로 열등한 계층에 있는 총각들의 가정을 꾸리기 위한 최후의 선택으로 이루어지게 된 국제결혼을 통해 생겨난 것이다(설동훈, 2005). 높은 물가상승으로 인해 대부분의 가정이 점차 맞벌이를 하게 되는 사회적 분위기 속에서 국제결혼을 통해 한국에 오게 된 대부분의 여성의 경우 한국어 사용능력이 떨어지기 때문에 대부분의 경우 육체적 노동을 하는 아르바이트 외에는 제대로 된 직장을 갖기는 어려운 형편에 있다. 간혹 외국어 강사를 하며 상대적으로 여유롭게 사는 가정도 있으나, 이마저도 대부분 계약직이며 매우 드문 경우에 속한다고 할 수 있다.

다문화가족의 경우, 외국인 어머니들이 한국말에 서툴기 때문에 남편들이 도와주지 않는 한 가정학습을 기대할 수 없는 형편이다. 또한 많은 여성들이 어려운 가정형편으로 인해 직업을 가지고 있어 이마저도 자녀와 함께하지 못하는 경우도 많은 실정이다(정은희, 2004).

순천시 결혼이민자 가족센터가 2007년 상반기 동안 도우미를 파견해 실시한 아동양육지원서비스 사업 4,484건 가운데 학습지도가 1,138건으로 가장 많은 비중을 차지한 것이 이들 다문화가족 자녀들의 교육비를 감당하지 못하고 있음을 증명해 주고 있다(전남일보, 2007. 8. 29). 박해진(2008)은 저소득층이 많은 다문화가족의 경우 양육비용 문제가 자녀교육의 큰 걸림돌이 되고 있으며, 다문화가족 자녀들의 기초학습능력이 낮은 경향이 있다고 보고하였다. 이처럼 빈곤은 아동의 학교생활 부적응 문제를 일으키는 요인이 될 수 있다. 빈곤아동은 가정의 부적절한 환경들로 인해 사회 정서적인 어려움이나 학습, 학교생활에서의 부적응 행동 등이 다른 계층의 아동보다 높게 나타나나, 문제성의 표현과 증상이 현저하지 않으므로 자칫 간과하기 쉬우며, 이로 인해 청소년기에 더 큰 문제를 야기하는 경우도 발생되고 있다. 이상에서 보는 바와 같이 경제적 어려움은 일반가정과 마찬가지로 다문화가족에서도 매우 큰 문제로 나타날 수 있으며, 나아가 자녀의 학교 부적응으로 이어질 가능성이 더욱 크다고 할 수 있겠다.

위의 여러 가지 문제점을 살펴본바 현재 다문화가족 자녀를 양국가의 언어와 문화를 겸비한 우리 사회의 미래성장 자원으로 보는 사회적 인식의 개선이 필요하며 아버지 어머니 나라의 문화와 언어에 대한 교육을 동시에 진행하는 다양한 프로그램이 개발, 실천되는 것이 바람직하다. 이는 아이들에게 어머니 나라에 대한 자긍심을 심어주고 양국의 언어와 문화, 그리고 그 차이를 긍정적으로 받아들일 수 있으며, 이를 통해 아이들은 건강한 문화정체성과 다중언어 능력을 지닌 이 사회의 건강한 사회 구성원, 글로벌시대의 훌륭한 인적자원으로 성장하게 될 것이다.

3) 다문화가족의 문제요인

(1) 부부관계와 가정문제

부부간의 문제로는 문화 차이에서 오는 의식의 문제, 언어 갈등의 문제, 생활 습관의 문제로 주로 의사소통에 많은 불편을 느끼고, 동양에서는 남편중심적 생활양식을 취하며, 문화배경의 이질성이 문제의 원인이 되고 있다. 남편의 경제적 무능력이나 도박, 가정폭력, 배우자의 부정 등이 가정불화의 사례로 나타나고 있다(오연경, 2008).

또한 가족공동체에서 이중문화의 존재로 인해 갈등을 야기하게 되며 이들 가족은 이러한 고통과 긴장 그리고 경제적 어려움 등으로 인하여 발생하는 스트레스 등을 고스란히 떠안게 됨으로 인하여 가정 자체를 불안정하게 만드는 복합적인 상황이 항상 존재하게 된다. 그러므로 이들 가족에 대한 경제적 자립, 가족의 치유, 자녀교육, 전문보육시설 및 공동육아시설이나 지원이 이루어질 수 있는 사회적 안전망이 필요하다(유명기, 2001).

(2) 사회적 가치관 문제

민족의 경계를 넘나드는 세계화 시대에 '국제결혼'은 우리 사회에서 다양하게 나타나고 있지만, 국제결혼한 개인들은 민족주의적 경향 속에서 사회의 변방적인 위치에 서게 된다. 특히 남성중심의 혈통을 중심으로 하는 가부장제와 맥을 같이하면서 여성에 대한 배제와 차별성을 내포하게 된다. 이는 외국인 남성과 결혼한 한국 여성을 중심으로 단일민족의 정체성을 유지시키는 데 전략적으로 이용되는 이데올로기로 작용하고 있다.

일반적으로 국제결혼은 개인에게 혼란스러운 결과를 가져올 뿐만 아니라 민족 정체성의 감소와 희석화를 가져온다고 지적되고 있다(Eriksen T. H., 1993). 국제결혼은 무엇보다 민족의 차별화를 형성하는 데 있어서 예외적인 일이며 문화적 관습으로부터 일탈된 결과이다. 따라서 국제결혼과 혼혈이라는 단어는 민족성을 강조하는 우리 사회에서 불명확한 위치의 특성을 의미하고, 국제결혼에 대한 사회적 가치관 또는 문화적 편견으로 인해 국제결혼 부부는 가정적으로 사회적으로 여러 가지 혼란과 문제에 직면하고 있는 것이다. 지금까지 단일민족, 단일문화의 이데올로기가 지배적이었던 우리 사회에서 이민족과의 우화적 접촉과 갈등은 사실 새로운 변화와 도전으로 받아들여지고 있다(유명기, 2001).

(3) 자녀 · 부모관계 문제

다문화가족의 자녀 교육문제를 전문적으로 도와주는 사람이나 단체가 소수에 그치고 있고, 이러한 문제를 하소연할 국방부 직할부대 및 기관도 부족하다. 한국 사회의 배타의식 때문에 집안 식구로부터의 배척, 주위사람들의 시선 등으로 다문화가족의 부모와 자녀들은 소외감과 정신적 긴장감, 고독과 긴장의 연속에서 살아가게 된다(인봉숙, 2001). 다문화가족의 자녀들이 점점 늘어나는 것에 대한 육아, 교육 등의 문제를 해결해 줄 수 있는 대안이 필요하다.

아버지와 어머니의 가치관과 생활 태도가 각각 다른 이중문화의 성격을 지닌 국제결혼가정으로부터 태어난 2세들은 성장하면서 많은 갈등과 혼돈을 경험하게 된다. 그들은 태생적으로 언어, 풍습 등에서 자유롭지 못한 환경에서 태어났다. 부모와의 문제에서 극복해야 할 많은 문제를 안고 출발하는 것이다.

자녀교육이 주로 어머니에 의하여 이루어지는데 어머니가 한국말이 서투르고 한국의 풍습에 익숙하지 못하기 때문에 자녀교육을 하는 데 어려움을 겪는다(김경신 · 이선미, 1998).

4) 다문화가족의 형성과 해체

(1) 전국 다문화가족의 형성 및 해체 추이

2000년 우리나라의 국제결혼 건수는 11,605건으로 전체 혼인 건수 332,090건 중 3.5%에 불과했으나 2011년 기준 29,762건으로 전체 혼인 중 외국인과의 혼인 구성비는 9.0%를 차지하고 있다. 1990년대 중반 이후부터 한국인 남성과 외국인 여성 간의 결혼을 중심으로 국제결혼이 현저히 증가해 왔으며 국제결혼 중 외국 여성과의 결혼이 차지하는 비중은 2011년 74.8%로 높은 비중을 차지하고 있다.

〈표 1-15〉 전국 연도별 국제결혼 추이 (단위 : 건수, %)

구 분	전체 혼인건수	국제결혼		전체 국제결혼 건수 중			
		건 수	비 율	외국인 아내와의 결혼		외국인 남편과의 결혼	
				건 수	비 율	건 수	비 율
2000	332,090	11,605	3.5	6,945	59.8	4,660	40.2
2001	318,407	14,523	4.6	9,684	66.7	4,839	33.3
2002	304,877	15,202	5.0	10,698	70.4	4,504	29.6
2003	302,503	24,775	8.2	18,750	75.7	6,025	24.3
2004	308,598	34,640	11.2	25,105	72.5	9,535	27.5
2005	314,304	42,356	13.5	30,719	72.5	11,637	27.5
2006	330,634	38,759	11.7	29,665	76.5	9,094	23.5
2007	343,559	37,560	10.9	28,580	76.1	8,980	23.9
2008	327,715	36,204	11.0	28,163	77.8	8,041	22.2
2009	309,759	33,300	10.8	25,142	75.5	8,158	24.5
2010	326,104	34,235	10.5	26,274	76.7	7,961	23.3
2011	329,087	29,762	9.0	22,265	74.8	7,497	25.2

출처 : 통계청, 인구동향조사. 각 년도.

전국 지역별 혼인 건수 및 다문화 구성비를 보면, 2011년 국제결혼 비중이 가장 높은 지역은 전남(12.5%), 전북(10.8%), 제주(10.3%), 충남(10.0%)의 순이며, 가장 낮은 곳은 울산과 대전(6.8%), 대구(7.0%)의 순으로 나타났다. 한국 남성과 결혼한 외국인 아내의 출신국적을 살펴보면 2011년 기준 베트남이 34.3%로 가장 많고, 중국(33.9%), 필리핀(9.3%), 일본(5.0%), 캄보디아(4.3%)의 순으로 나타났으며, 중국, 베트남, 필리핀의 상위 3개국이 차지하는 비율이 77.5%로 절대적 비중을 차지하고 있다. 이 가운데 국제결혼의 상당 부분을 차지하는 중국인 여성과의 결혼은 2000년 51.3%에서 2004년 73.6%까지 무려 20% 이상 증가하였다가 점차 감소하고 있는 추세이다. 한편 베트남 출신 여성과의 결혼은 2000년 77건(1.1%)에서 해마다 지속적으로 증가하여 2006년에는 10,128건을 기록하였고 2011년 국적별 국제결혼의 34.3%라는 가장 높은 비율을 보이고 있다. 중국인 여성과의 결혼이 감소하는 시기 이후부터는 베트남, 필리핀, 캄보디아, 태국 등 동남아시아 출신 여성과의 혼인이 연도별로 차이는 있으나 상승하는 경향을 보이고 있다.

〈표 1-16〉 전국 지역별 혼인 건수 및 다문화 구성비 (단위 : 건수, %)

구 분	전체 혼인 건수			다문화 혼인 건수			다문화 구성비		
	2009	2010	2011	2009	2010	2011	2009	2010	2011
전국	309,759	326,104	329,087	33,862	35,098	30,695	10.9	10.8	9.3
서울	71,172	72,798	73,604	7,601	7,698	6,644	10.7	10.6	9.0
부산	18,997	20,577	7,360	1,637	1,798	1,619	8.6	8.7	7.9
대구	13,041	13,675	20,591	960	1,036	978	7.4	7.6	7.0
인천	16,957	17,740	18,292	1,814	1,890	1,555	10.7	10.7	8.5
광주	8,183	8,658	9,024	664	730	647	8.1	8.4	7.2
대전	8,989	9,456	9,822	812	813	666	9.0	8.6	6.8
울산	7,329	7,726	7,832	526	543	532	7.2	7.0	6.8
경기	75,238	80,187	80,788	8,171	8,115	7,329	10.9	10.1	9.1
강원	8,202	8,450	8,418	909	895	813	11.1	10.6	9.7

구 분	전체 혼인 건수			다문화 혼인 건수			다문화 구성비		
	2009	2010	2011	2009	2010	2011	2009	2010	2011
충북	8,773	9,268	9,629	864	1,043	874	9.8	11.3	9.1
충남	12,895	13,315	13,346	1,597	1,509	1,331	12.4	11.3	10.0
전북	9,711	10,633	10,458	1,257	1,309	1,129	12.9	12.3	10.8
전남	10,139	10,573	10,348	1,438	1,625	1,291	14.2	15.4	12.5
경북	14,634	15,738	16,085	1,375	1,626	1,423	9.4	10.3	8.8
경남	19,715	21,385	20,964	1,914	2,147	1,721	9.7	10.0	8.2
제주	3,349	3,585	3,631	397	406	375	11.9	12.8	10.3

주 : 1. 전국은 국외 포함으로 지역별 합계의 전국 수치는 일치하지 않음.
2. 다문화 혼인은 한국인(출생기준), 외국인, 한국인(귀화기준) 포함.
3. 부부 중 국내주소지 기준 집계(부부가 모두 국내주소인 경우 남편의 주소지 기준).
출처 : 다문화인구동태통계(2011).

한편 전국 국제결혼 부부의 이혼 건수는 2000년 1,498건으로 전체 이혼의 1.3%에 불과했으나 해마다 꾸준히 증가하여 2011년 11,495건으로 10.1%를 차지하고 있다. 이 가운데 외국인 아내와의 이혼이 72.6%로 높은 비율을 보이고 있다. 전국적으로 전체 이혼 건수는 2009년 123,999건에서 2011년 114,284건으로 감소한 것에 비해 다문화이혼 건수는 13,653건에서 14,450건으로 증가하였다. 2011년을 기준으로 전국 지역별 이혼 건수가 많은 지역은 경기(29,214건), 서울(21,440건), 부산(7,692건), 경남(7,270건)의 순이며, 이 가운데 다문화이혼 건수가 많은 지역은 경기(3,667건), 서울(3,426건), 인천(803건), 부산(768건)의 순으로 나타났다. 한편 전북지역의 전체 이혼 건수는 4,215건으로 16개 시도 가운데 9위를 차지하고 있으나 각 시도의 전체 이혼 중 다문화이혼이 차지하는 비중으로 살펴보면 서울(16.0%), 전남(13.7%) 다음 전북이 13.1%로 전국에서 세 번째의 높은 구성비를 보이고 있다.

〈표 1-17〉 전국 연도별 국제이혼 추이 (단위 : 건수, %)

구 분	전체 혼인건수	국제결혼		전체 국제결혼 건수 중			
		건 수	비 율	외국인 아내와의 이혼		외국인 남편과의 이혼	
				건 수	비 율	건 수	비 율
2000	119,455	1,498	1.3	247	16.5	1,251	83.5
2001	134,608	1,694	1.3	387	22.8	1,307	77.2
2002	144,910	1,744	1.2	380	21.8	1,364	78.2
2003	166,617	2,012	1.2	547	27.2	1,465	72.8
2004	138,932	3,300	2.4	1,567	47.5	1,733	52.5
2005	128,035	4,171	3.3	2,382	57.1	1,789	42.9
2006	124,524	6,136	4.9	3,933	64.1	2,203	35.9
2007	124,072	8,294	6.7	5,609	67.6	2,685	32.4
2008	116,535	10,980	9.4	7,901	72.0	3,079	28.0
2009	123,999	11,473	9.3	8,246	71.9	3,227	28.1
2010	116,858	11,088	9.5	7,852	70.8	3,236	29.2
2011	114,284	11,495	10.1	8,349	72.6	3,146	27.4

〈표 1-18〉 전국 지역별 이혼 건수 및 다문화 구성비 (단위 : 건수, %)

구 분	전체 이혼 건수			다문화 이혼 건수			다문화 구성비		
	2009	2010	2011	2009	2010	2011	2009	2010	2011
전국	123,999	116,858	114,284	13,653	14,319	14,450	11.0	12.3	12.6
서울	24,780	22,662	21,440	3,627	3,534	3,426	14.6	15.6	16.0
부산	8,753	7,847	7,692	733	669	768	8.4	8.5	10.0
대구	5,415	5,168	4,706	350	407	367	6.5	7.9	7.8
인천	8,038	7,511	7,004	876	867	803	10.9	11.5	11.5
광주	3,109	3,036	2,895	236	292	282	7.6	9.6	9.7
대전	3,475	3,232	3,095	262	263	275	7.5	8.1	8.9
울산	2,620	2,622	2,398	209	226	217	8.0	8.6	9.0
경기	30,530	28,519	29,214	3,327	3,415	3,667	1.0	12.0	12.6
강원	3,786	3,625	3,615	287	333	328	7.6	9.2	9.1

구 분	전체 이혼 건수			다문화 이혼 건수			다문화 구성비		
	2009	2010	2011	2009	2010	2011	2009	2010	2011
충북	3,785	3,603	3,728	369	392	416	9.7	10.9	11.2
충남	5,245	4,811	4,886	501	561	530	9.6	11.7	10.8
전북	4,330	3,948	4,215	457	525	552	10.8	13.3	13.1
전남	4,339	4,372	4,179	487	580	573	11.2	13.3	13.7
경북	5,556	5,531	5,379	459	552	566	8.3	10.0	10.5
경남	7,547	7,576	7,270	580	728	752	7.7	9.6	10.3
제주	1,507	1,513	1,442	126	163	186	8.4	10.8	12.9

한국인 남편과 이혼한 외국인 아내의 국적은 주로 중국과 베트남, 필리핀, 일본출신의 여성들이 많은 것으로 나타났다. 2011년 중국국적을 가진 아내와의 이혼율이 57.3%로 가장 많으며, 베트남(23.1%), 필리핀(3.9%), 일본(3.5%)의 순으로 나타났다. 가장 높은 비중을 차지하는 중국 아내와의 이혼 건수는 2008년 5,398건까지 증가하였다가 소폭 감소하였다. 베트남 아내와의 이혼은 계속해서 증가 추세에 있는데 필리핀이나 캄보디아와 비교하여 상대적으로 급격한 증가폭을 보이고 있다. 외국인 아내와의 국적별 국제결혼 비중과 비교해 보면, 2011년 중국의 국제결혼 비중은 33.9%인데 이혼율은 57.3%이고 베트남은 34.3%대 23.1%, 필리핀은 9.3%대 3.9%로 중국 출신 여성과의 이혼 비율이 다른 국가보다 높음을 알 수 있다.

이혼으로 인한 다문화가족 해체 외에 사별로 인한 가족해체 현상도 간과할 수 없는 부분이다. <표 1-19> 전국 사망자수 및 다문화 사망을 보면 2011년 기준 다문화 사망자는 1,557명으로 전체 사망자인 257,503명의 0.6% 수준에 이르고 있다. 여기에는 배우자가 한국인인 외국인 사망자도 포함된 것으로, 다문화 사망자 중에는 남성이 1,154명이고 여성이 348명으로 남성 사망자의 비율이 약 3배 이상 높은 것으로 나타났다. 이를 통해 외국인 아내와 한국인 남편 간의 연령차를 고려하여 한국인 남편의 사망으로 인한 가족해체 과정을 거친 가족들이 상당수 있을 것으로 여겨진다. 기본적으로 다문화 초혼 남녀 연령차가 2011년 기준으로 2.2세인 것과 비교하여 높은 연령차를 보이고 있기에 질병이나 사고로 인한 배우자의 사망에 따른 다문화가족의 해체는 예견할 수 있다.

〈표 1-19〉 전국 사망자수 및 다문화 사망 (단위 : 명, %)

구 분	전 체			다문화 사망			다문화 이외 사망		
	2009	2010	2011	2009	2010	2011	2009	2010	2011
전체	247,033	255,505	257,503	1,338	1,506	1,557	245,695	253,999	255,946
비율	100.0	100.0	100.0	0.5	0.6	0.6	99.5	99.4	99.4
남성	137,775	142,390	143,280	980	1,125	1,154	136,775	141,265	142,126
여성	109,232	113,085	114,168	312	351	348	108,920	112,734	113,820

주 : 1. 전체는 성별 미상 포함으로 성별 합계와 일치하지 않음.
2. 다문화 사망은 한국인(출생기준), 외국인, 한국인(귀화기준) 포함.
출처 : 다문화인구동태통계(2011).

〈표 1-20〉 다문화 혼인의 부부연령차별 비중 (단위 : %)

구 분		전체 혼인 건수			다문화 혼인 건수			다문화 구성비		
		2009	2010	2011	2009	2010	2011	2009	2010	2011
계		100.0	100.0	100.0	100.0	100.0	100.0	100.0	100.0	100.0
남성 연상	소 계	69.7	69.2	68.4	83.8	84.7	82.9	68.0	67.4	67.0
	1~2세	23.9	23.8	24.2	8.6	8.1	9.0	25.8	25.7	25.7
	3~5세	26.0	25.7	25.8	1.2	11.9	12.3	27.7	27.4	27.1
	6~9세	11.8	11.4	11.2	15.6	13.8	13.5	11.3	11.1	11.0
	10세 이상	8.0	8.3	7.3	47.1	50.9	48.0	3.2	3.2	3.1
동 갑		14.3	14.4	14.8	4.1	4.0	44	155	157	159
여성 연상	소 계	15.9	16.4	16.7	12.1	11.3	12.7	16.4	17.0	17.2
	1~2세	10.4	10.8	10.9	5.2	5.2	5.7	11.1	11.5	11.5
	3~5세	3.9	4.0	4.1	4.0	3.5	4.0	3.9	4.0	4.2
	6~9세	1.3	1.3	1.3	1.9	1.7	2.0	1.2	1.2	1.2
	10세 이상	0.4	0.3	0.3	1.0	0.8	1.0	0.3	0.3	0.3

출처 : 다문화인구동태통계(2011).

(2) 해체위기 및 해체된 다문화가족에 대한 지원정책 현황

다문화가족 지원정책은 건전한 국제결혼문화 조성에서부터 다문화가족의 초기 적응 지원을 강화하고 다문화가족 자녀의 맞춤형 교육을 지원하는 등 다양한 정책들이 시행되고 있다. 이전에는 가족을 이루고 살고 있는 것을 전제로 하는 정책들이 중심이 되어 가족해체와 관련한 예방정책 및 해체된 다문화가족에 대한 지원책에는 관심이 소홀하였으나 최근 다문화가족의 증가세 속에 국제결혼 부부의 이혼이나 사별로 인한 다문화가족의 해체문제가 대두되면서 가족해체 예방정책이나 해체된 다문화가족을 위한 지원정책에 관심이 늘어나고 있다.

① 중앙정부의 대응정책

가족갈등, 폭력피해, 경제적 문제 등의 어려움을 겪으며 이혼에 이르는 부부가 증가하면서 중앙에서는 국제결혼 피해예방과 혼인의 진정성 확보를 위해 국제결혼 이민관의 역할을 높이고 다문화가족의 해체 예방을 위한 가족교육을 강화하는 등 건전한 국제결혼문화 조성을 위해 노력하고 있다.

다문화가족 해체 관련 추진 정책을 살펴보면, 2013년에 수립된 제2차 다문화가족정책 기본계획(2013~2017)에서는 안정적인 가족생활 기반 구축을 위해 국제결혼 사증심사 강화, 중국 등 주요 상대국 정부와의 국제결혼 관련 업무협력을 위한 국제결혼이민관 파견 검토, 국제결혼 전 신상정보 제공 제도 정착화, 국제결혼중개업 피해예방을 위한 이용자 사전교육 및 피해 상담 지원, 이주여성긴급지원센터(1577-1366)의 상담언어 서비스와 이주여성쉼터의 단계적 확대, 이주여성 보호시설 운영의 내실화 등을 계획하여 추진하고 있다.

〈표 1-21〉 중앙정부 다문화가족 해체 관련 대응정책

구분	제1차 기본계획	제2차 기본계획
추진 기간	2010년~2012년(3년간)	2013년~2017년(5년간)
과제 구성	5대 영역 61개 세부과제	6대 영역 86개 세부과제

구분	제1차 기본계획	제2차 기본계획
추진 기관	11개 중앙행정기관 및 지방지치단체 (교과부, 법무부, 행안부, 문화부, 농식품부, 복지부, 고용부, 경찰청, 공정위, 여성가족부 및 국무총리실)	13개 중앙행정기관, 법원 및 지방자치단체 (교과부, 법무부, 행안부, 문화부, 농식품부, 국방부, 복지부, 고용부, 외교부, 경찰청, 방통위, 법원, 여성가족부 및 국무총리실)
추진 과제	국제결혼중개 관리 및 입국 전 검증시스템 강화 • 국제결혼중개에 대한 관리 강화 • 자립 가능한 이민자 유입을 위한 입국 전 검증 시스템 강화 • 결혼이민예정자 대상 사전정보 제공 확대 결혼이민자의 안정적 정착 및 자립역량 강화 • 이혼 및 폭력피해 결혼이민자 인권보호 증진 - 이혼한 결혼이민자의 안정적 체류관리 - 이주여성긴급지원센터 상담서비스 확대 - 폭력 피해 이주여성과 동반아동의 거주 · 자활 지원기관 운영 확대	안정적인 가족생활 기반 구축 • 입국 전 결혼의 진정성 확보 - 국제결혼 사증심사 강화 - 국제결혼이민관 파견 검토 - 신상정보제공제도 정착화 - 국제결혼중개업 단속, 조사 강화 • 피해자 보호 - 국제결혼 중개업 피해예방 교육 및 상담 - 이주여성긴급지원센터 운영 및 상담언어서비스 확대 - 이주여성쉼터 단계적 확대 - 이주여성보호시설 운영 내실화 다문화가족정책 추진체계 정비 • 국가 간 협력체계 구축 - 혼인, 이혼과정상의 문제해결 방안 모색 - 이혼과정에서 제기되는 국가 간 제도 모순 해결을 위한 양자 간 협약 추진

출처 : 여성가족부. 다문화가족지원정책 기본계획(2010~2012) 2012년도 시행계획;
여성가족부 · 관계부처합동. 제2차 다문화가족정책 기본계획(2013~2017).

구체적으로 해체 위기에 있거나 해체 이후 이주여성 지원과 관련된 국방부 직할부대 및 기관으로는 이주여성긴급지원센터, 이주여성쉼터, 이주여성 자활지원센터, 이주여성 그룹홈 등이 운영되고 있다. 이주여성 긴급지원센터(1577-1366)는 가정폭력, 성폭력, 성매매 등 긴급한 상황에 처한 여성폭력피해 이주여성에게 365일 24시간 자국어 상담 및 통역을 지원하여 긴급지원서비스를 제공하고 있다. 다국적 이주여성으로 구성된 상담원이 가정폭력, 가족갈등, 성폭력, 성매매, 체류, 법률 등에 대하여 상담을 실시하고, 보호시설 · 경찰 · 병원 등 유관기관과의 연계활동, 유관기관과의 네트워크 구축 및 현장방문을 통해 이주여성의 인권을 보호하고 한국 사회 적응지원 및 가정의 해체를 예방하는 데 목적을 두고 있다. 이주여성 긴급지원센터는 전국적으로 서울, 수원, 대전, 광주, 부산, 전주, 구미 등 7개소를 운영하고 있다.

이주여성쉼터는 가정폭력 등 피해발생 시 이주여성 및 동반 아동의 일시보호와 함께 신체적·정서적 안정과 사회적응을 위한 상담 및 치료, 의료·법률·출국·지원, 치료회복 프로그램 등을 지원하는 시설로 전국 16개 시도에 22개소가 있으며 전북은 전주와 익산에 2개소를 운영하고 있다. 해체 이후 혹은 해체 위기에 놓인 이주여성은 쉼터에 거주하며 심리정서적 지원과 숙식, 법률지원 등의 서비스를 제공받을 수 있지만 이는 일시적인 것으로 문제는 이들 여성이 일정 기간 쉼터에서 머무른 이후에는 경제적 자활·자립 역량이 없는 상태로 강제 퇴소하게 되고, 퇴소 이후 갈 곳이 없다는 것이다. 따라서 지속적인 보호 및 자립기반을 지원하는 전문기관의 마련 등 이주여성들이 지역사회에 정착할 수 있도록 자활·자립 기반을 마련해 주는 것이 무엇보다 필요하다.

〈표 1-22〉 이주여성쉼터 운영 현황(2013) (단위 : 개소, 명)

구 분	합계	서울	부산	대구	인천	광주	대전	울산	경기	강원	충북	충남	전북	전남	경북	경남	제주
개 소	22	3	1	2	1	1	1	1	3	1	1	1	2	1	1	1	1
입소정원	259	27	15	27	11	11	15	13	29	10	15	11	30	10	13	10	12

출처 : 여성가족부 홈페이지(www.mogef,go.kr).

이주여성 자활지원센터는 이주여성의 자립과 자활을 위한 직업훈련교육 및 취업알선, 이주여성과 동반자녀에 대한 주거 및 기초생활 지원, 동반자녀의 육아 및 보육지원을 주요 기능으로 하고 있으며, 현재 서울이주여성디딤터란 명칭으로 1개소 운영 중이다. 서울이주여성디딤터 외에도 이주여성과 동반아동의 주거 및 자립을 지원하는 보호시설로 이주여성 그룹홈도 1개소 운영 중에 있다.

참/고/문/헌

강복정(2008). 국제결혼 이주여성의 생식건강 실태와 정책과제. 한국보건사회연구원.
권순희(2007). 다문화가정자녀의 상담지도 사례. 국어교육학연구, 29권.
김경란(2007). 다문화가정 자녀의 자아정체감과 사회적 지지가 사회적응에 미치는 영향. 국민대학교 대학원 석사학위논문.
김경미(2006). 어머니의 부모효능감, 양육행동 및 가정환경과 유아의 학습행동과의 관계. 경희대학교 대학원 석사학위논문.
______(2008). 한류로 인한 문화적 친근감이 한국어 학습효과에 미친 영향 연구 : TV드라마를 이용한 일본인 학습자를 중심으로. 서강대학교 대학원 석사학위논문.
김경신 · 이선미(1998). 미혼남녀의 결혼관에 나타난 결혼 이데올로기. 한국가정과학회지, 제1권 제1호.
김경자(2008). 다문화가정 아동의 심리적 문제와 학교적응. 진주교육대학교 대학원 석사학위논문.
김미숙(2006). 다문화가족 아동의 사회적응실태와 법적 과제. 한국보건사회연구원.
김새롬(2006). 부모의 부부갈등과 아동의 사회불안과의 관계. 숙명여자대학교 대학원 석사학위논문.
김예리(2009). 가족생태이론에 기초한 미혼남녀의 결혼관과 관련변인 연구. 중앙대학교 대학원 박사학위논문.
김혜영(2009). 다문화가족 지원 프로그램 현황과 개선방안. 안동과학대학 논문집.
김효정(2008). 다문화언어 환경 아동의 수용 및 표현어휘능력. 한림대학교 대학원 석사학위논문.
매일경제(2009. 2. 16).
박해진(2008). 음악활동이 다문화가정 아동의 언어표현과 자기표현 향상에 미치는 효과에 대한 사례연구. 영남대학교 대학원 석사학위논문.
서 혁(2007). 다문화가정 현황 및 한국어 교육지원방안. 인간연구, 제12호. 가톨릭대학교 인간학연구소.
설동훈(2006). 결혼이민자 가족실태조사 및 중장기 지원정책 방안 연구. 여성가족부.
소라미(2010). 젠더와 인권의 관점에서 바라본 다문화가족지원법제 검토. 젠더법학, 제2권 제1호.
손민정(2008). 다문화가정 초등학교 저학년 학생을 위한 학교적응력 향상 프로그램 구안.

한국교원대학교 대학원 석사학위논문.
손혜진(2010). 다문화가족 자녀의 자아존중감 및 자아정체감 향상 프로그램 개발 연구. 동국대학교 대학원 석사학위논문.
송성자(1985). 한국 부부간의 의사소통 유형과 가족문제에 관한 연구 : 의사소통 가족치료 이론을 중심으로. 숭실대학교 대학원 박사학위논문.
송영지(2008). 도시 다문화가정 아동의 심리사회적 적응에 영향을 미치는 요인. 부산대학교 대학원 석사학위논문.
신 숙(2007). 사티어의 가족치료 이론 안에서 의사소통과 자존감의 관계에 관한 연구. 한세대학교 대학원 석사학위논문.
신혜섭(2001). 한국에서의 가족치료 이론의 적용. **생활과학연구, 제6권.**
신효선(2006). 초등학교 아동의 학업발달 촉진을 위한 학부모 자문 모형 구안. 한국교원대학교 대학원 석사학위논문.
안원석(2007). 다문화가정 자녀의 표현 실태 분석. 한국교원대학교 대학원 석사학위논문.
양재찬(2006). 동남아 혼혈 더는 외면하면 안 된다 : 코시안.
오성배(2005). 코시아(Kosian) 아동의 성장과 환경에 관한 사례 연구. **한국교육, 제32권** 제3호.
오연경(2008). 다문화가족 상담을 위한 초등학교 담임교사의 역할. 한양대학교 대학원 석사학위논문.
유명기(2001). 외국인노동자와 한국문화.
이근매 · 이상진(2007). **다문화가족 미술치료.** 평택대학교 다문화가족센터. 경기 : 양서원.
이소희 · 최운선(2008). 국제결혼가정 자녀의 문화 정체감과 사회적 관계에 관한 연구. **한국가족복지학, 제13권** 제3호.
이순실(2008). 다문화가정 초등학생의 학교생활 적응요인과 학교생활 어려움에 관한 분석. 인제대학교 대학원 석사학위논문.
이순자(1997). 초등학교 학생의 성격유형과 창의성과의 관계. 한국교원대학교 대학원 석사학위논문.
이재경 외(2004). **가족은 위기인가.** 경기 : 양서원.
이지애(2007). 다문화가정 아동과 일반가정 아동의 학교적응에 관한 비교연구 : 자아존중감을 중심으로. 고려대학교 대학원 석사학위논문.
인봉숙(2001). 한일 국제결혼가정 2세의 한국생활 적응 실태조사 연구 : 천안시 거주 통일교인 가정 중심으로. 동국대학교 대학원 석사학위논문.
정순연(2008). 다문화가정 어머니의 한국어 능력과 유아 언어 능력과의 관계. 한국교원대학교 대학원 석사학위논문.
정은희(2004). 농촌지역 국제결혼 가정 아동의 언어발달과 언어환경. **언어치료연구, 제13권** 제3호.

정하성 · 우 룡(2007). 다문화가정 청소년의 사회적응 실태 및 사회적응 프로그램 개발방안. 한국청소년정책연구원.

정현영(2006). 다문화가정 자녀의 학교생활적응에 영향을 미치는 요인에 관한 연구 : 아시아 여성과 한국 남성의 이중문화가정 자녀를 중심으로. 숭실대학교 대학원 석사학위논문.

조영달(2006). 다문화가정의 자녀교육 실태조사. 교육인적자원부.

조희금(2009). 녹색생활을 위한 가족자원경영전략. 한국가족자원경영학회 학술대회논문집. 제2009－1호.

통계청(2009). 2008년 혼인통계.

______(2011). 다문화인구동태 통계.

한국염(2004). 한국거주 이주여성의 인권실태와 과제. 경남발전. 제94호.

Chapter

02

다문화가족의 등장 배경

| Chapter 2 |

다문화가족의 등장 배경

민족으로서 반만년의 역사와 전통을 자랑하는 우리 사회가 1970년대 이후 산업화 · 도시화와 함께 사회적 이동(social mobility)이 활발히 일어났고, 그 이후 세계화 흐름으로 인적 · 물적 교류도 빈번하게 진행되었다. 산업화 · 도시화는 제1차 산업에서 제2차 및 제3차 산업으로의 이동과 농촌지역에서 도시지역으로의 인구이동이 활발하게 이루어졌다. 이로 인해 도시는 과밀지역, 농촌지역은 과소지역의 양극화현상이 나타나게 되었다.

특히 제1차 산업인 농촌에서 그 이외 산업으로의 사회이동으로 인하여 현재 농업에 종사하는 인구는 7%를 밑돌고 있다(통계청, 2007). 약년층(若年層)의 도시로의 이동은 농촌의 인구고령화를 초래하였고, 농촌지역에 남아있는 젊은 사람들은 배우자 선택의 기회가 적어져 자신의 가족을 이루기 힘든 환경에 직면하게 되었다.

또한 남아선호 사상으로 인한 성비 불균형과 여성의 사회진출로 인해 지위가 향상되면서 배우자 선택에 있어 농업 직종의 종사자에 대한 기피현상 등이 작용하게 되어 농촌남성들의 배우자 선택의 폭이 좁아지고 이들의 결혼을 더욱 어렵게 하였다. 따라서 1990년대 이후 국내결혼시장에서 소외된 농촌 젊은 이들은 내국인과의 결혼이 어렵게 되자 혼인문제의 해결방법 중 하나로 국제결혼이 추진되었다. 이로 인해 현재 외국인 여성, 특히 아시아계 여성과 국제결혼 하는 한국인 남성인구는 점차적으로 증가하고 있다.

혼인으로 인한 인구증가와 이주노동자, 산업연수생, 외국인 상사원, 유학생 등의 증가로 인해 2008년 현재 외국인 인구는 100만 명에 육박하고 있다. 외국인 인구증가는 1990년대 이후 국제결혼의 증가와 한국 사회의 고도사회와 경제적 생활의 향상으로 산업구조의 사회저변에 위치한 지위가 낮은 직종(소위 3D업종)에 대한 노동자 확보의 어려움으로 외국인노동자를 도입하게 되면서 더욱 증가하게 되었다. 이로 인해 한국 사회는 국제결혼으로 인한 가족의 형성과 외국인노동자들의 현지에서의 결혼이나 외국인노동자와 한국인과의 결혼으로 인한 가족의 형성 등 다문화가족이 증가하게 되었다.

참/고/문/헌

강휘원(2006). 한국다문화사회의 형성 요인과 통합 정책. 국가정책연구, 제20권 제2호.
구견서(2003). 다문화주의의 이론적 체계. 현상과인식, 2003년 가을호.
박병섭(2006). 다문화적 소수자 문제에서 한국의 특수성. 사회와철학, 제12호.
설동훈(2005). 이민과 다문화사회의 도래. 전북대학교출판부.

Chapter

03

한국 사회의 다문화주의

1. 한국적 다문화주의
2. 다문화주의와 다문화정책
3. 한국 다문화가족정책

| Chapter 3 |

한국 사회의 다문화주의

1. 한국적 다문화주의

2005년부터 2010년까지 한국의 출산율은 1.13명으로 OECD 국가 중 가장 낮은 수준이다(OECD, 2007; 재정경제부, 2007). 조선일보(2008. 11. 13)에 의하면 2008년 한국의 출산율은 1.2명이었고, 따라서 기존의 인구 예측보다 빠른 10년 뒤인 2018년은 우리 인구가 정점에 달해 4,934만 명이 된다. 그 해부터 인구가 줄어 2030년 4,863만, 2050년 4,234만, 2100년 1,621만 명이 된다. 2018년엔 노인 인구 비율이 14%를 넘으면서 '고령사회'가 되고, 젊은이 5명이 노인 1명을 부양한다는 '5대 1 사회'로 접어든다.

외국인의 정착을 받아들이는 정책의 유형에 따라 '차별적 포섭/ 배제 모형(differentialist model)', '동화모형', '다문화주의 모형'의 세 범주로 분류할 수 있다(Castles and Miller, 1998). 차별적 포섭/ 배제 모형이나 동화모형에 입각한 국가에서는 문화적 단일성을 중시하는 데 반해, 다문화주의 모형에 입각한 국가에서는 민족적 혼성성과 문화적 다양성 자체를 사회 구성의 기본 원리로 채용하고 다양성이 공존하는 가운데 집단 간 상호 존중의 질서가 자리잡도록 하는 데 정책의 목표를 두고 있다(Martiniello, 2002 : 72-93).

<표 3−1>에서 한국의 정책은 문화적 단일성을 중시한다는 점에서, 차별적

포섭/ 배제 모형과 동화모형에 해당된다. 한국에서 혼혈인은 병역의 의무를 면제받았다. 좀 더 직선적으로 표현하면 군대에도 갈 수 없었다. 이는 차별적 포섭/ 배제 모형을 단적으로 보여준다. 즉, 사회에서 의무를 부과하지 않으니 권리도 요구하지 말라는 논리가 숨어있는 것이다.

그런데 한국의 다문화 관련 정책들은 주로 '외국인'을 대상으로 하고 있으나, '외국인'의 개념이 모호하다. 외국인은 단순히 '대한민국의 국민이 아닌 자'로 정의하지만 다문화 정책의 대상은 국적 위주의 정책으로 한정되지 않는다. 예를 들어, 한국국적인 배우자와 결혼한 결혼이민자는 2년 후에는 한국 국민이 될 수 있으므로 더 이상 외국인이 아니다. 한편 조선족들은 '외국인'의 정의에 해당되지 않으나 당연히 다문화 관련 정책의 주요 대상이 되어야 할 것이다(김헌민 외, 2008 : 617).

〈표 3-1〉 한 사회에서 외국인의 정착을 받아들이는 정책의 유형

유 형	내 용	비 고
차별적 포섭/ 배제 모형	국가가 특정 경제 영역에만 외국인(이민)을 받아들이고, 복지 및 여러 정치·문화·사회적 영역에서는 받아들이지 않음으로써 원치 않는 외국인의 정착을 원천적으로 차단한다. 즉, 이주집단에 따라서 공식적인 권한을 인정하기도 하고 부인하기도 하는 이중적 접근을 취한다. 대부분의 이주민은 '사회의 일부'가 아닌 '손님'으로 여겨질 뿐 정책의 대상으로 통합되지 않는다. 반면 엄격한 조건을 통과해 공식적인 권한을 부여받은 이민자들은 자국의 제도와 문화에 적응 내지 동화되어 가는 것을 당연한 과정으로 받아들임으로써 문화적 단일성을 유지해 나가는 데 초점을 두는 경향이 강하다.	한국, 일본, 독일 등 단일민족을 강조해 온 국가
동화모형	이민자(외국인)가 출신국의 언어·문화·사회적 특성을 완전히 포기하여 주류사회의 일원이 되는 것을 목표로 한다. 주류사회가 자국 사회의 일원이 되기를 원하는 이민자에게 문화적 동화를 대가로 '사회의 일원'으로 인정하는 정책이며, 주류사회의 언어를 습득할 수 있도록 돕고, 이민자의 자녀가 정규학교에 취학하는 것을 지원함으로써 동화가 순조롭게 이루어질 수 있도록 한다.	프랑스 1960년대까지의 미국의 '용광로(Melting Pot) 정책'
다문화주의 모형	이민자가 그들만의 문화를 지켜가는 것을 인정하고 장려하며, 정책의 목표를 소수 민족의 주류사회로의 동화가 아닌 공존에 둔다. 예 Salad Bowl, Ethnic Mosaic, Rainbow Coalition	영·미 계통 국가

출처 : 김이선 외, 2006 : 129-130; 김은미·김지현, 2008 : 9;
캐슬과 밀러(Castles and Miller), 1998 : 171-201을 참고하여 작성.

역사상 이민자 통합의 문제와 다문화사회에 대한 논의는 동화주의 대 다문화주의, 개인주의 대 공동체주의, 평등주의 대 차별주의 등의 이원적 대립으로 조건지어져 왔으며, 따라서 어느 한 국가에 나타나는 양상은 언제나 그 대립의 한쪽 총체로 귀결되었다. 이러한 대립을 통해 프랑스식의 '동화모형'과 영·미계통의 '다문화주의 모형'으로 정의할 수 있다(Martiniello, 2002 : 68-69).

특히 <표 3-2>에서 나타나듯이 한국은 서구와 같은 사회적 여건이 형성될 가능성이 낮고, 따라서 오히려 이민의 다수를 형성하는 결혼이민자와 그 다문화가정의 자녀가 가족과 주류집단인 한국 사회에 빨리 적응·동화하는 것이 유리하다. 앞의 <표 3-1>에서 보여지는 한국인의 순혈주의도 다문화주의 모형 보다는 동화모형의 가능성을 높게 한다.

유럽의 대부분 도시에서는 민족·종교에 따른 공동체 안으로의 고립 경향, 문화적 '게토화'의 경향이 나타나고 있다(Martiniello, 2002 : 85). 이미 한국에서도 도시에서는 주한 외국인노동자들이 동일한 국가출신들끼리 거주하는 이민자 집중거주지(ethnic enclave)를 형성하고 있다. 그러나 이들은 '정주허용금지 원칙'에 따라 일정 정도의 기간이 지나면 출신 국가로 되돌아 갈 사람들이다. 따라서 한국의 도시지역에서는 독일과 같은 외국인 정책뿐만 아니라 다문화주의 모형도 현실적이고 합리적인 대안이 될 수 있다. 그러나 농촌지역은 상황이 다르다. 노촌은 결혼을 통하여 결혼이민자 개인이 한국 가족의 구성원으로 편입된 것이므로 다문화주의 모형보다는 동화모형이 현실적이다.

이미 다문화가정의 자녀의 상당수는 한글 이해능력이 부족해 학교 학습활동에 어려움을 겪고, 일부에서는 외모로 인한 따돌림 현상도 나타나고 있으며(경기도 교육청, 2006), 이들은 가난, 언어장벽, 소외의 3중고를 겪고 있다(교육과학기술부, 2008. 10). 더구나 한국인의 다문화를 바라보는 시선은 이중성을 갖는 것이 현실이다. 우리는 우리보다 부유한 서구 국가 출신들에게는 친절한 반면, 우리보다 못한 동남아나 특히 아프리카 출신들에게는 그렇지 못하다. 심지어는 재미동포, 재일동포와 달리 중국동포를 조선족이라고 부르는 것도 이러한 시선이 내재되어 있는 것이다. 이러한 관점에서 본다면 백인들에 대한 친절도 편견의 연장선이다.

따라서 결혼이민자와 다문화가정의 자녀들에게는 한국 사회에의 빠른 적응 · 동화가 절박한 생존의 문제이며, 이를 고려할 때 한국(적어도 농촌지역)에서는 다문화주의 모형보다는 동화모형이 보다 현실적이다. 즉, 농촌에서는 미국의 용광로(Melting Pot) 정책이나 프랑스와 같이 동화모형을 추구하는 것이 바람직하다.

즉, 출발점은 다양성을 인정하는 다문화(multiculture)이지만 지향점은 우리를 중심으로 흡수되고 포용되는 다문화(cross-culture)이어야 한다. 동시에 정부 각 부처와 지방자치단체에서 산발적으로 이루어지고 있는 다문화 정책을 체계화하고, 단기 거주 노동자, 가족 단위의 이민자 집중거주자, 결혼이민자에 따라 세분화되고 차별화되어야 한다.

〈표 3-2〉 한국의 이민자 정착 정책으로서 다문화주의 모형과 동화모형의 비교

구 분	다문화주의 모형	동화모형
제도적 차이	영구이민	정주허용금지 원칙 단기적인 노동력의 유입(주로 도시지역) 결혼이민(주로 농촌지역)
이민자의 개별적 차이	경제력 등 일정 정도의 자격을 제한	한국보다 저개발된 국가 출신이 대부분
이민단위	가족	개인
이민 후 거주형태	출신 국가별 이민자 집중거주지 형성을 통한 집중거주 및 공동체 형성 용이 다수 집단(한국인)과 격리 거주 가능	도시지역 이민자 집중거주 후 출신국가로 되돌아감 다수 집단(한국인)과 격리 거주 가능
		농촌지역 결혼이주자의 한국가족에로의 편입 다수 집단(한국인)과 격리 거주 불가능
이민자의 출신국가(자국 문화 보전 가능성)	출신 국가의 문화 보전 용이	출신 국가의 문화 보전 곤란
이민자에의 유리한 정도	이민자가 출신국가의 고유 문화를 단기적(또는 영구적)으로 유지하면서, 동시에 서서히 이민국가의 문화에 동화하는 것이 유리	도시지역 단기거주 노동자이므로 정책적으로 중요한 고려대상이 아님 이민자 집중거주지에서의 다문화주의 모형 가능
		농촌지역 가족의 구성원으로서 가능한 한 빨리 언어적·문화적 격차를 극복하고 적응·동화하는 것이 유리
문제점	게토(ghetto)화 이민자 집중거주지(ethnic enclave)의 고립	이민자 개인의 정서적·사회적 소외 및 고립 이민자 출신국가 문화의 소멸

출제 : 임형백, 2008 : 17.

2. 다문화주의와 다문화정책

전 지구적으로 직면하고 있는 다문화적 상황에 21세기 논의를 촉발하고 있는 주요 정책아이디어는 단연 '다문화주의'이다. 또한 다문화정책의 정향성을 연구하는 데 있어 다문화정책을 비롯하여 이념적 가치로 논의되는 다문화주의의 개념적 명확화가 필요한 것이다. 그러나 다문화주의를 개념화하는 것은 쉬운 작업이 아니다.

한국은 물론이고 서구에서도 마찬가지로 학자마다, 국가마다 사정에 따라 다양한 의미로 사용되고 있기 때문이다. 보편가치일수록 대다수가 동의하는 정의는 추상수준에서만 가능하다. '다문화주의' 역시 다문화사회라는 전 지구적 차원의 현상적 변화에 대응하려는 국가정책과 동의어로 사용될 정도로 일상적 용어가 되고 있다.

그러나 단일민족문화에 익숙한 일부 아시아에서는 인구현상적 측면으로 보거나 문화다양성에 대한 온정적 태도 등 추상적 수준의 개념으로 보고 저항없이 쉽게 받아들여지고 있다. 그러나 다문화정책의 핵심적인 가치인 '다문화주의'는 한 국가 내 다양한 인구학적 현상을 의미하는 것에서부터 새로운 정책이나 국민통합의 이데올로기, 지향해야 할 미래적 가치, 역차별적 정책과 실천적 노력 등 개념적 정의가 다양하다.

많은 학자들은 다문화주의에 대한 정의에 있어 현상과 이념에 그치지 않고 정책이라는 국가의 실천적 개입이 수반되는 차원에서 다문화주의를 정의하고 있다.

즉, 다문화주의는 하나의 이데올로기뿐만 아니라 정책과 프로그램, 국가전략 등 다문화주의의 실천적 측면을 강조하면서 정의의 측면에서는 이미 정책적 의미를 내재하고 있다. 또한 정의마다 관통하고 있는 핵심적 개념은 소수자에 대한 '정의(justice)'에서 출발하여 전사회의 실천적 의미를 담고 있음을 발견할 수 있다.

이런 의미로 인해 일반적으로 사용되고 있는 '다문화정책'이라 함은 'multiculturalism policies', '다문화주의 정책'으로 보는 것이 타당하다. 따라서 많은 학자들이 정의하듯이 국민통합적 수단의 관점에서 다문화정책에 주목할 필요가 있다. 이는 한국에서 다문화주의가 규범적 수준에서 받아들여지고 있는 점을 고려하여 사회적 논의의 진전과 다문화정책의 발전을 꾀하기 위해 국가 전략적 차원에서 받아들여질 것을 기대해 보는 것이 적절한 것으로 보여지기 때문이다.

〈표 3-3〉 Kymlicka의 다문화주의 정책 지수

원주민 (indigenous peoples)	준국가-국민집단 (substate nationalist groups)	이민자 집단 (immigrant groups)
1) 토지소유권 및 등기권 인정 2) 지역자치권 인정 3) 역사적 협정을 인정하고 새로운 협정에 사인 4) 문화적 권리(language, hunting/fishing) 인정 5) 관습법 인정 6) 중앙 정부의 대표/ 심의인정 7) 원주민의 독특한 지위를 헌법 또는 입법 차원에서 인정 8) 원주민권리에 있어 국제적 수단을 지원/ 비준 9) 원주민 공동체 구성원에 대한 적극적 조치	1) 연방 또는 유사연장 영토자율권 2) 지역이나 국가적으로 공식언어 지위 3) 중앙 정부나 헌법기관에 대표보장 4) 소수자 언어 대학/학교/미디어에 공적 재원 지원 5) 다문화주의에 대한 합법적 또는 의회적 긍정 6) 국제적 인격 부여(국제무대에서 거의 국가적인 행위의 주체가 될 수 있는 권리 부여)	1) 중앙, 지역, 지방차원에서 다문화주의를 헌법, 사법, 입법적으로 긍정 2) 학교 교과과정에 다문화주의를 채택 3) 공적 미디어에서 소수민족표상/감수성을 의무적 편성 4) 복장(dress-codes)면제, 일요일 휴무법 5) 이중시민권 허용 6) 문화활동을 지원하기 위해 소수민족 집단조직에 재정지원 7) 이중언어 교육 또는 모국어 학습에 재정지원 8) 불이익에 처한 이민자 집단에 대한 적극적 조치

출처 : 최종렬(2008). 다문화주의의 이론적 패러다임과 국가별 유형 비교. 한국정책연구원. p.12 재인용.

3. 한국 다문화가족정책

1) 추진경과

- **'06년부터 중앙부처 차원의 정책을 수립하고 법 · 제도적 기반 마련**
  - 「여성결혼이민자 가족 사회통합 지원 대책」('06. 4, 12개 부처 합동) 수립

* '06년에 서비스전담기관으로 '결혼이민자가족지원센터' 21개소 설치

- 「결혼중개업의 관리에 관한 법률('08. 6)」 및 「다문화가족지원법('08. 9)」 제정 · 시행

* 다문화가족 학생 교육지원 방안('08. 10 교과부), 다문화가족 생애주기별 맞춤형 지원 강화대책('08. 11 복지부) 등 부처별로 소관 분야별 대책을 강화

■ **다문화가족 정책에 대한 총괄 · 조정기능 강화를 위해 「다문화가족 정책위원회**(위원장 : 국무총리)**」를 구성**('09. 12)**하고, 범정부 차원의 『다문화가족지원정책 기본계획**('10~'12)**』 수립**('10. 5)

* 「다문화가족지원정책 기본계획('10~'12) 2011년도 시행계획」 수립('11.3)

■ **「다문화가족지원법」 개정**(법률 제10534호, '10. 4. 4 공포, 10. 5 시행)**으로 '다문화가족'의 범위를 확대하고, 다문화가족지원정책 기본계획 및 연도별 시행계획**(지방자치단체 포함) **수립근거 등 신설**

* '다문화가족' : '날 때부터 한국인 + 결혼이민자 등' → '한국인 + 결혼이민자 등'

2) 근 거

■ **「다문화가족지원법」 및 「결혼중개업의 관리에 관한 법률」**

■ **『다문화가족지원정책 기본계획**('10~'12)**』**

〈다문화가족지원정책 기본계획('10~'12)〉

◆ 국격제고 및 안정적인 사회통합 차원에서, 서비스의 질적 수준을 제고하는 방향으로 정책을 정비(5대 영역, 20개 중점과제, 61개 세부과제)
- ① 다문화가족지원정책 추진체계 정비, ② 국제결혼중개관리 및 입국 전 검증시스템 강화, ③ 결혼이민자 정착지원 및 자립지원 강화, ④ 다문화가족 자녀의 건강한 성장환경 조성, ⑤ 다문화에 대한 사회적 이해 제고

3) 정책의 핵심내용

- 결혼준비단계, 가족형성 및 역량강화 단계, 자녀 양육 · 교육단계 등 생애주

기별 정책과제를 추진하고 있으며, 8개 부처에서 소관업무 특성을 반영한 사업 시행('11년 총 941억 원)

〈다문화가족 생애주기별 정책과제 현황〉

〈부처별 주요 정책〉

부 처	주요 정책
여성가족부	• 다문화가족 사회통합정책 수립 • 한국어교육, 다국어 서비스 제공 등 사회적응 지원 • 다문화가족 자녀 양육 지원 • 다문화가족지원센터 운영 · 지원 • 국제결혼 중개업 관리 및 결혼예정자 사전준비 지원 • 이주여성긴급지원센터 1577-1366 및 이주여성쉼터 운영 • 다문화에 대한 사회적 이해 제고
법무부	• 외국인정책 총괄 • 이민자 사회통합 프로그램 운영 • 이민자의 입국 · 체류 · 귀화 허가 등
교육부	• 다문화가족 학생 멘토링 • 다문화가족 학부모 교육 및 자녀교육 관련 정보, 상담 제공 • 학생 대상 다문화 이해 교육 지원
행정자치부	• 외국인주민 집중거주지역 생활안정 및 외국인주민 생활정착 지원
문화체육관광부	• 한국어교재 개발 · 보급, 전문강사 양성 등 한국어교육의 전문성 제고 • 다문화 문화교류 프로그램 운영
보건복지부	• 기초생활보장 지원
고용노동부	• 결혼이민자 취업지원, 직업상담 및 훈련
농림축산식품부	• 결혼이주여성 농업인 영농기술교육

참/고/문/헌

김헌민 외(2008). 창조적 다문화 시민사회 조성방안 연구. 호남대학교 다문화교육센터.

김이선 외(2006). 여성 결혼이민자의 문화적 갈등 경험과 소통증진을 위한 정책과제. 한국여성개발원.

김은미 · 김지현(2008). 다인종다문화사회의 형성과 사회조직 : 서울의 외국인 마을사례. **한국사회학**, 제42권 제2호.

임형백(2008). 한국과 서구의 다문화사회의 차이와 정책 비교. **다문화사회연구**, 제2권 제1호.

최종렬(2008). 다문화주의의 이론적 패러다임과 국가별 유형비교. 한국여성정책연구원.

Chapter

04

다문화가족의 지원정책

1. 다문화가족 정착 및 생활 지원
2. 다문화가족 자녀양육 지원
3. 다문화가족에 대한 인식 개선
4. 정책 총괄·조정기능 강화
5. 위기 다문화가족에 대한 지원

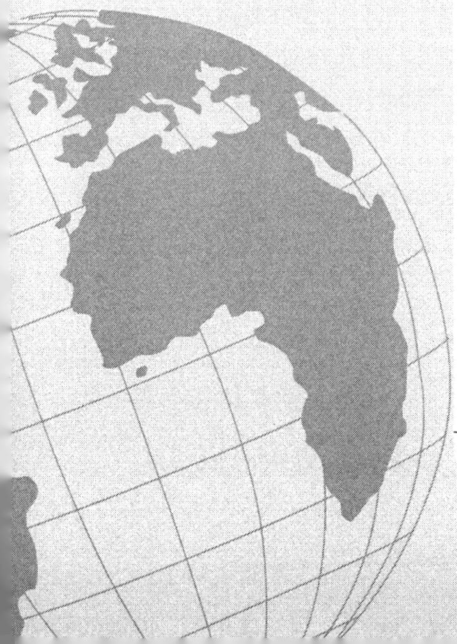

| Chapter 4 | 다문화가족의 지원정책

대한민국의 2010년 총 혼인 326,000건 중 내국인과 외국인 사이의 혼인은 34,235건으로 대략 10.5%를 차지하고 있고, 결혼이주자 또한 141,654명으로서, 2003년에 비하여 3배나 증가하였으며, 그에 비례하여 내국인과 외국인이 결합한 다문화가정의 이혼과 그에 부수하는 위자료, 친권자 및 양육권자 지정소송(이하 '이혼 등 소송'이라 한다)도 계속적으로 증가하여 왔다.

결혼이주자들은 전국적으로 고르게 분포하나, 이혼 등 소송에서 피고가 된 외국인의 주소, 거소 또는 마지막 주소가 국내에 없거나 이를 알 수 없는 사건들에 대하여는 모두 대법원 소재지 가정법원인 서울가정법원에 제기하도록 규정된 가사소송법 제13조 제2항에 의하여 서울가정법원이 다문화가족의 이혼 등 소송을 다른 법원에 비하여 압도적으로 많이 처리하고 있으며, 현재 8개 가사단독 재판부에서 주로 위 사건들을 담당하고 있다.

결혼이주자의 경우 언어소통의 문제 및 경제적 자력이나 우리나라의 법률·제도에 대한 지식부족으로 이혼 등 소송에서 권리구제와 분쟁해결에 많은 어려움을 겪고 있는 점을 고려하여, 서울가정법원이 외국인 다문화가족 당사자를 지원하기 위하여 수립, 추진하고 있는 각종 활동들을 소개하며, 나아가 이를 위한 법적 및 제도적 개선방향을 살펴본다.

1. 다문화가족 정착 및 생활 지원

- 다문화가족지원센터를 통한 한국문화이해 교육, 가족통합교육, 상담 및 통·번역 서비스 등 확대(1월~)
  - 부처별 한국어교육 프로그램 간 연계를 통해 다문화가족지원센터의 한국어교육 이수 시에도 귀화심사 등에 혜택부여('11년 33개소 시범운영)
  - 집으로 찾아가는 방문교육서비스 확대(방문지도사 '10년 2,240명→'11년 3,200명)

> * 집합교육에 참여가 어려운 다문화가족을 대상으로 한국어교육 또는 아동양육지원 관련 맞춤형 서비스 제공(1가정당 5개월간 주 2회)

  - 결혼이민자를 통·번역 전문인력(210명)으로 채용, 의사소통이 어려운 결혼이민자에 대한 서비스 제공
- 포털 '다누리' 및 재외공관·출입국관리사무소 등을 통한 정보 제공 강화
  - 온라인 다국어지원 확대 : 6개 언어(4월) → 8개 언어(12월)

> * 한국어, 영어, 중국어, 베트남어('10년) + 캄보디아어, 타갈로그어, 태국어, 우즈베크어('11년)

  - 한국문화, 한국생활 정보 등을 담은 다국어 정보매거진 Rainbow+(연 4회, 9개국어, 매회 7만 부), 정보리플렛(9만 부) 보급
- 다문화가족 내 갈등 예방과 해소를 위한 상담 및 부부교육 강화
  - 한국생활 안내, 통번역·상담 등을 제공하는 '다누리콜센터(10개 언어)' 개설(6월)
  - 가족갈등·해체 예방을 위한 '방문상담 서비스' 시범 제공(8월)
  - 배우자·부부교육을 전국 다문화가족지원센터에서 운영하고, 국제결혼 남성·부부 대상 다문화사회 이해, 가정폭력 예방 등 교육('국제결혼 행복 프로그램') 배우자이해 프로그램, 부부관계향상 프로그램 등 운영(센터 당 연간 5시간 이상)

- 폭력피해 결혼이민자를 위한「이주여성 긴급지원센터 1577－1366」상담 서비스(9개 언어) 확대(야간운영 → 24시간 운영)
  - 이주여성쉼터(18개), 그룹 홈, 자활지원센터 등을 통한 보호 및 자활지원
- 여성새로일하기센터를 통한 결혼이민자 직업훈련 실시, 지역일자리 인턴십 지원(466명)
  - 다문화가족지원센터에 워크넷(고용부)을 연계, 결혼이민자 취업알선서비스 제공

2. 다문화가족 자녀양육 지원

- 다문화 언어지도사 배치 확대(1월) : '10년 100명 → '11년 200명
  - 초등학생 이하 자녀의 언어발달 지원을 위해 다문화언어지도사를 다문화가족지원센터에 배치, 진단 및 교육 서비스 제공
- 엄마(아빠)나라 언어 습득 지원을 위한「언어영재교실」운영(3월~, 이중언어 강사 100명)

> * 해당언어 : 결혼이민자 주요 출신국 6개 언어(중국어, 베트남어, 일본어, 몽골어, 태국어, 캄보디아어)

- 양육단계(신생아, 유아기, 아동기)별 정보제공을 위한 찾아가는 '좋은 부모교육' 및 '자녀 정서·생활지원 서비스' 시범 제공(2월~)
  - 취학자녀의 학교알림장 읽기, 준비물 챙기기 등 학교생활 적응 지도
- 동반·중도입국청소년을 위한 초기적응 프로그램 'Rainbow School' 운영('10년 50명 → '11년 600명) 및 전문가 멘토링(120명)
  - 전국의 10개 다문화가족지원센터 및 청소년관련기관에서 주 5일, 전일제, 4개월 과정으로 운영
  - 학교 편입 및 직업훈련 연계 등 사후 지원

3. 다문화가족에 대한 인식 개선

- 지역별 '(가칭)다문화가족 나눔봉사단' 구성 · 운영(6월~)
  - 8,000명 규모의 나눔봉사단의 가족상담, 자녀 학습지도, 지역단위 사업 모니터링 등 활동 수행(자원봉사 인증 프로그램 등 연계)
- 기업, NGO 등과 다문화가족 지원을 위한 다양한 협력사업 추진
  - 현장관계자 및 학계 전문가 등으로 구성된 「다문화가족포럼」 운영(연 2회), 다문화가족 및 관련 종사자 등이 함께 하는 「전국 다문화가족네트워크 대회(10월)」 개최를 통한 지원 연계망 구축
- 한국인의 다문화에 대한 인식 및 수용성 조사 실시(10월, 매년), 다문화이해 제고를 위한 표준교육 프로그램 개발(12월)
- 공중파 TV, 지하철, SNS 등 다양한 매체광고 확대를 통하여 다문화가족에 대한 국민인식 개선 확산(연중)
- '다문화가족모니터링단' 운영, '다문화 강사' 양성 · 파견 등(연중)을 통한 결혼이민자의 정책 및 사회참여 기회 확대

4. 정책 총괄 · 조정기능 강화

- 범부처 다문화가족지원정책 연도별 추진실적 평가 및 계획 수립을 통하여 부처 간 중복사업을 적극 발굴 · 조정(국무총리실 공동)
- 「다문화가족정책위원회(위원장 : 국무총리)」와 「다문화가족정책위원회 실무위원회(위원장 : 여성가족부장관)」 구성 · 운영(4월~)을 통한 부처 간 총괄 · 조정 기능 내실화
  - 실무위원장 산하에 관계부처 과장 및 민간전문가 등으로 '실무추진단' 구성 · 운영
- 시 · 도, 시 · 군 · 구 차원의 정책 수립 · 조정을 위하여 유관기관이 참여하는 「다문화가족지원협의회」 구성 · 운영(6월~)

- 지방자치단체 주관, 출입국관리소, 교육청 등 유관기관과 다문화가족 지원센터 및 민간전문가 등으로 구성

> * 지역사회의 서비스 사각지대 발굴 · 조정, 사업계획 수립 및 총괄 · 조정을 위한 지방자치단체의 역할 제고, 민간과 역할분담 체계화

- '지역사회 민관협력 네트워크'를 통한 취업, 자녀양육, 한국문화이해교육, 다문화 인식 제고 등 공동사업 활성화
  - 시 · 도, 시 · 군 · 구 등 지역차원의 서비스 수준 제고를 위한 민간협력 활성화
- 다문화가족지원센터('10년 159개소 → '11년 200개소) 및 지역 거점센터 지정('10년 6개소 → '11년 10개소) 확대, 결혼이민자수, 사업량 등에 따른 운영비 차등 지원 등을 통해 서비스의 접근성 및 질(質) 제고

  일반 가족과 통합된 다양한 가족서비스를 제공할 수 있도록 건강가정지원센터와의 기능 통합을 단계적으로 추진('11~'12년)
- '다문화가족' 범위 확대('귀화 · 인지를 통한 국적취득자' + 결혼이민자→'다문화가족'에 포함)를 통한 정책 사각지대 해소

> * 센터의 이용대상을 '귀화자+결혼이민자'로 이루어진 가족은 물론, 외국인근로자 및 유학생 가족 등까지 확대

- 정책 수요자 입장에서 다문화가족에 대한 부처 · 지방자치단체의 각종 서비스 내용을 소개하는 '다문화가족지원서비스 종합안내지' 발간(6월)
- 정책추진 역량 강화를 위한 지자체 다문화가족지원 및 결혼중개업 관리 담당 공무원 교육과정 운영

5. 위기 다문화가족에 대한 지원

한국 사회의 국제결혼은 결혼중개업체를 통한 인신매매성 결혼이라는 우려

와 비난이 높지만 국제결혼은 여전히 증가추세이며, 법무부의 사증발급 규제 강화로 인해 2011년 9.0%로 다소 감소하였지만 한국에서 결혼한 10쌍 중 1쌍은 국제결혼을 하고 있다. 이렇게 국제결혼이 증가하기 시작한 지 10여 년의 시간이 지나면서 다문화가족이 사회적으로 안정되고 잘 정착되기보다 언어 문화적 차이에서 발생하는 부부갈등, 가족갈등, 가정폭력으로 인해 이혼율이 증가하고 있는 추세로 평균 결혼기간은 4.7년이며, 이혼율은 2010년 11,088건(9.5%)에서 2011년 11,496건(10.1%)으로 다문화가족의 이혼건수는 점점 증가하고 있다.

그리고 가장 큰 문제는 가정해체로 인해 자녀들이 불안한 성장기를 보내고 있다는 것이다. 다문화가족의 자녀들은 부모의 갈등과 가정해체로 태어나기도 전부터 자신의 존재가 불안하고, 두려움과 불안감을 갖고 성장하는 아동들이 너무 많다. 집에서 쫓겨나 당장 오갈 데 없는 엄마와 함께 쉼터에서 생활하는 아이들, 부모의 갈등에 눈치만 보는, 정상적인 학교 입학도 못 하는 등등 아이들이 온몸으로 겪고 있는 상처와 아픔이 너무 크다. 가정해체로 인해 상처받는 아이들이 건강하게 성장할 수 있는 사회적 인프라, 즉 위기이주여성을 위한 통합적인 지원체계가 구축되어야 한다고 본다.

1) 다문화가족 지원에 집중된 예산

이제 다문화사회 정책은 급속하게 확대되어 정부의 주요 정책 영역으로 확고하게 성장하였다. 중앙정부를 비롯하여 지방자치단체, 그리고 시민사회영역에서 다문화관련 사업의 증가, 언론과 TV 프로그램에서 결혼이주여성을 주인공으로 하는 다문화 프로그램, 각 대학과 연구기관에서 다문화를 주제로 한 학술행사 등 한국 사회에 '다문화바람'이라 할 만큼 다문화가족에 대한 각계각층의 관심과 지원이 높다.

그러나 '다문화'를 표방하는 정부의 정책은 사실상 '다문화가족'에 제한되면서, 다문화가족의 사회적응 지원사업에 예산의 42.9%가 집중지원되고 있다. 폭력 피해 이주민 지원사업에는 예산의 3.5%만 편성되는 현실이어서 폭력피해, 해체위기 및 해체된 다문화가족에 대한 지원정책은 부족하다. 현재 이주여성긴급지원센터는 전국에 7개소, 이주여성쉼터는 22개소에 불과한데 2006년

21개소였던 다문화가족지원센터는 2008년 80개소, 2009년은 100개소, 1년 후인 2010년에는 159개소로 크게 증가하였으며, 2013년 현재 209개소로 급격히 증가했다. 그리고 법무부의 사회통합 프로그램까지 포함한다면 다문화가족의 사회적응에 지원되는 예산은 집중되어 있다고 해도 틀리지 않을 것이다.

이렇게 정부의 다문화정책이 사실상 정책 대상의 범위가 협소하게 정의된 '다문화가족'에 제한되어 다양한 범주의 외국인을 포괄하지 못하며, 국익 중심의 정책 추진 결과 외국인에 대한 차별과 인권침해에 대한 대응이 미흡하다는 비판이 제기되고 있다. 결혼이주여성과 가족의 정착 지원에 정책적 우선순위와 재원이 배분되면서 국제결혼 피해 예방에 대한 관심과 예산 비중이 낮게 책정되었다(마경희 외 '범부처 다문화사회 정책 예산 분석', 2011, 여성가족부).

〈표 4-1〉 연도별 다문화가족지원센터 설치 · 이용 현황(국비센터 기준)

연 도	전국결혼이주민 +혼인귀화자	다문화가족 지원센터	센터이용 결혼이민자	센터이용 결혼이민자 비율	센터당 이용 결혼이민자 평균	결혼이민자 이외 이용자
2006	104,768명	21개소	2,733명	2.6%	130명	–
2007	126,955명	38개소	8,062명	6.4%	212명	배우자 3,141명 자 녀 2,673명 시부모 1,189명
2008	144,385명	80개소	26,904명	18.6%	336명	배우자 7,764명 자 녀 7,474명 시부모 2,487명 기 타 4,634명
2009	167,090명	100개소	21,960명	13.1%	220명	배우자 4,217명 자 녀 5,506명 시부모 1,870명 기 타 926명
2010	181,671명	159개소	38,577명	21.2%	243명	배우자 8,509명 자 녀12,023명 시부모 1,870명 기 타 926명
2011	211,458명	200개소	52,697명	24.9%	263명	배우자11,488명 자 녀18,349명 시부모 1,970명 기 타 1,162명

* 국비센터 기준으로 지방비센터를 합친 것과는 다소 차이가 있음

출처 : 행정안전부 외국인주민 현황조사 각 년도 다문화가족지원센터(결혼이민자가족지원센터) 사업운영결과보고서 각 년도; 마경희 외(2011). '범부처 다문화사회 정책 예산 분석. 여성가족부.

〈표 4-2〉 사업군별 재정지출 규모와 비중의 적절성

사업군	3년 총지출		적절성(전문가 의견) (%)		
	규모(억 원)	비중(%)	높 다	적 절	낮 다
해외인력유치	1,162.54	39.9	60.0	40.0	0.0
다문화가족지원	1,247.70	42.9	68.0	24.0	8.0
내국인 다문화 이해 증진	85.30	2.9	0.0	0.0	100.0
체류·정주자 생활편의 제공	197.70	6.8	0.0	40.0	60.0
외국인 인권보호	125.06	4.3	0.0	28.0	72.0
국경·국적관리	91.73	3.2	0.0	64.0	36.0
전체	2,910.03	100.0	-	-	-

출처 : 마경희 외(2011). 범부처 다문화사회 정책 예산 분석. 여성가족부.

이러한 정부의 집중 지원에도 불구하고 다문화가족의 갈등과 가정해체 문제는 심각하다. 위기상황에 처한 이주민의 생명과 인권보호는 기본적으로 지원해야 하는 가장 중요한 사업이서 앞으로 위기이주여성을 위한 지원체계가 확대되고 우선되어야 하지 않을까 생각한다.

참/고/문/헌

마경희 외(2011). 범부처 다문화사회 정책 예산 분석. 여성가족부.

모경순(2013). 위기 다문화가족 실태와 지원방안 : 위기 다문화가족을 위한 통합지원체계 구축. 국회다문화사회포럼. 세미나자료.

박신규(2013). 위기 다문화가족 실태와 지원방안 : 다문화가족 해체실태 및 지원방안. 국회다문화사회포럼. 세미나자료.

Chapter

05

외국의 다문화정책

| Chapter 5 | 외국의 다문화정책

1. 미 국

미국은 이민 및 국적 취득에 관하여 미국법령집 「U.S Code」 Title 8과 미국연방규정집 「Code of Federal Regulations」에 규정되어 있다. 이민정책과 시행은 국가 전체에 관한 사항이므로, 주법이 이민법제에 미치는 영향은 미미하고 연방법으로써 규율되고 있다. 미국 이민법은 이주민뿐만 아니라, 단기 방문 및 유학부터 외국인의 노동허가와 정착에 관한 문제까지 포괄적으로 다루고 있다. 관련기구로는 연방행정부의 국토안전부, 국무부, 법무부, 노동부, 보건복지부 등 이민 절차와 관련된 5개의 주요 행정기관이 있고, 2009년 현재 대부분의 이민 관련 업무는 국토안전부에서 이루어지고 있다.

미국은 9.11테러사건 이후 위험국가의 국민이 미국으로 입국하는 것을 제한하기 위하여 비자 발급을 제한하고, 외국인이 미국 입국 목적에만 국한하여 생활할 수 있도록 미국국민과 동일하게 부여되던 여러 가지 사회보장제도를 폐지하였다. 버락 오바마 미국 행정부는 1천 200만 명의 불법체류자들을 구제하여 합법화하는 이민법 개혁안을 2010년 초에 본격 추진할 방침이다.

미국의 다문화정책의 주된 경향은 이민자들이 미국 사회의 지배적 가치관을 받아들일 것을 강조하는 동화주의였으나, 점점 문화적 다양성을 인정하는 방향으로 변화하고 있다. 미국은 불법체류자의 자녀교육과 모성보호에 한하여 사회복지 프로그램을 제한적으로 제공하고 있다. 이러한 점은 한국 사회의 다문화정책에 있어서 불법체류자 가정의 자녀와 모성보호에 관한 일정한 정책적 시사점을 준다.

2. 프랑스

프랑스는 이주와 관련된 주제로 1945년에 처음으로 법령을 공표하였고, 이후 1974년, 2003년, 2006년에 제·개정과정을 거쳤다. 프랑스는 2006년에 「이민 및 사회통합법」이라는 새로운 이민법안을 통과시켰다. 관련기구로는 2007년 사르코지 후보가 대통령에 당선되면서 4개 부서에 분산되어 있었던 다문화정책이 '이민·사회통합·국가정체성·연대개발부'로 단일화되었다.

2006년에 제정된 「이민 및 사회통합법」은 시민교육과 언어교육에의 참여를 전제로 한다. 한편 최소한 10년 이상 프랑스에서 살았던 이주자들에 대해 자동적으로 국적을 부여하였던 자동적인 합법화 법안은 폐지되었다. 위장결혼을 막기 위해 프랑스인과 외국인 간의 국제결혼이 이루어질 경우에, 결혼 이후 최소 3년간의 대기기간(기존에는 2년)과 충분한 언어능력을 입증해야만 10년 기간의 장기체류 허가를 받을 수 있게 하는 등 그 조건이 강화되었다. 「이민 및 사회통합법」은 프랑스의 경제나 명예에 도움이 되는 재능이나 능력을 가지고 있는 이민이나 취업목적의 이민, 석사학위 소지 이상의 외국인 학생이나 연수생에 대한 제한을 완화하고 있다.

다문화정책의 모델로도 평가받고 있는 프랑스의 숙련 기술을 갖춘 자의 '선택적 이민'은 한국 사회에 불법체류 노동자 체류 및 거주문제에 관한 정책적 시사점을 주고 있다.

3. 캐나다

캐나다에는 「캐나다 자유와 권리의 헌장」(Canadian Charter of Rights and Freedoms)은 다문화사회에 대비한 조항들을 포함한다. 1982년에는 위 헌장에 Section 27이 도입되었다. 또한 「캐나다 다문화주의법」(The Canadian Multiculturalism Act)이 1988년 7월 22일에 정식으로 공포되었다. 캐나다 정부는 다문화정책을 문화유산부장관이 관련부서의 장관과 협의해서 집행한다. 캐나다 문화유산부가 다문화주의법의 주무부서로서의 공식적인 법적 지위를 획득한 것은 1995년 제정된 「문화유산부법」에 의한 것이다.

캐나다는 문화유산부의 주도 아래 20여 개의 산하단체와 25개의 지역본부를 통해 조직적으로 다문화주의 정책을 펼치고 있다.

문화유산부가 다문화주의법에 근거하여 가장 중점을 두어서 시행하고 있는 영역은 문화 간의 상호이해 증진, 인종차별 해소, 시민참여, 캐나다 각 기관에서의 다양성 반영이라는 네 가지이다. 「다문화주의법」 제3조 제2항은 캐나다 정부와 관련기관들이 「다문화주의법」 시행을 위한 구체적인 조치를 취하도록 요구하고 있고, 그 대표적 조치로 연방정부기관에서의 균등한 기회 보장, 능력개발, 다양성에 대한 존중과 이해의 향상, 정책실현을 위한 연구와 데이터 수집, 언어능력 제고 등이다.

캐나다의 다문화정책과 관련된 주무부서가 문화유산부라는 점, 다양성의 가치에 기반하여 사회 각 영역에 뿌리내리고 있는 프로그램들은 다문화관련 법률과 제도에 대한 통합의 목소리가 높은 한국 사회에 다문화정책의 방향모색에 참조할 만하다.

4. 호 주

백호주의(白濠主義)라는 이름으로 알려져 있는 호주는 2009년 현재 다문화주의적 현실에 조응하여 다문화주의의 정착을 위한 다양한 노력을 진행하고 있다. 연방차원에서는 다문화주의에 관한 법률이 제정되지는 않았지만, 주정부 차원에서 공동체위원회(Community Relations Commissions)가 설치되었고, 「다문화주의 원칙에 관한 법률」과 「민족차별금지법」 등이 제정되었다. 호주의 다문화정책을 총괄하는 부서는 연방정부의 이민·시민권부(Department of Immigration and Citizenship)이다.

호주의 다문화정책의 종류는 이민정책, 정착 지원정책, 다문화 공공정책으로 구분할 수 있으며, 이 중에서 가장 핵심적인 것은 이민정책이다. 호주의 이민정책에서 중요한 시민권 부여의 조건은 기초적인 영어실력에 대한 요구와 시민권의 부여에 따른 책임과 권리에 대한 숙지이다. 다문화정책의 추진주체는 연방정부와 주정부, 그리고 시민사회와 비정부기구로 주로 이루어지며 연방정부와 지역단체와의 연계를 통한 협력 프로젝트가 많이 진행되고 있다.

호주의 다문화정책은 시민권 부여에 따른 국가에 대한 개인의 충성을 강조하고, 여전히 백인우월주의를 전제로 하고 있다는 점에서 비판을 받기도 한다. 그러나 과거 백호주의로 인한 인종차별주의를 극복하고 중앙정부와 지방정부, 다양한 시민사회집단과의 협조 속에서 다문화주의를 실현해 간다는 점에서 시사점을 찾을 수 있다.

5. 일 본

일본에는 중앙부처의 다문화관련 정책의 근거가 되는 법률은 존재하지 않는다. 일본의 다문화정책, 즉 외국인 시책은 중앙정부보다 지방자치단체의 수준에서 활발하게 전개되어 왔다고 할 수 있다. 일본에서는 지방자치단체가 실제 사업을 추진하고 중앙정부는 주요 정책을 제안하고 재정을 지원한다. 이러한 현황을 배경으로 가와사키시에서는 「외국인시민대표자회의조례」를 제정하였고, 미야기현에서는 「다문화공생사회의 형성의 추진에 관한 조례」를 제정하였다. 일본 총무성은 2005년 '다문화공생의 추진에 관한 연구회'를 설치하고, 2006년 3월 '지역에서의 다문화공생추진안(플랜)에 관하여'라는 보고서를 제출하였으며, 2007년 3월에는 후속 보고서를 제안한 바 있다. 한편 2009년에는 「출입국관리 및 난민 인정법과 일본과의 평화 조약에 근거해 일본의 국적을 이탈한 자 등의 출입국관리에 관한 특례법의 일부를 개정하는 등의 법률안」이 국회를 통과하였다.

이러한 다문화공생추진 플랜에서는 기존에 외국인을 단순한 지원의 대상에서 공생관계로 정책방향을 전환하였다는 점에서 중요하다. 이를 위하여 외국인 주민에 대한 행정서비스 향상, 인권보장, 이문화(다양한 문화)에 대한 시민들의 이해와 개방적인 태도가 확립된 지역사회 건설을 목표로 하고 있다. 구체적인 정책수단에 있어서는 의사소통을 위한 다양한 언어자원을 제공하고 거주와 교육, 노동, 의료, 복지, 보건, 방재 등 기본적인 생활환경을 보장하여 이문화에 대한 주민의 의식계발과 외국인 주민의 자립 및 사회참여를 촉진하여 상호 교류가 활성화되도록 하는 데 주안점을 두고 있다.

우리나라는 다문화가족, 다문화정책 등의 용어를 사용하면서 정책대상은 '결혼이주자' 또는 '제한외국인' 등에 국한하는 데 반하여, 일본은 '다문화공생(多文化共生)'이라는 용어를 채택하고 있다. 이는 일본이 다문화주의를 받아들이기 위해서 필요한 기본 가치에 대하여 고민한 흔적을 발견할 수 있는 부분이라 할 것이다. 우리의 정책대상과는 달리 일본은 다양한 문화를 가지고 있는 민족들과 어떻게 하면 함께 협력하면서 살아갈 수 있는가에 대하여 고민하는 것이다. 즉, 다문화공생이란 일본에서 서로 다른 인종들이 지역사회에서 함께 살아가는 방법을 나타내는 용어이다. 일본에서도 다문화, 다문화사회라는 용어를 사용하고 있으나 '다문화가족'이라는 용어는 사용하지 않고 있다. 우리나라의 '다문화가족'이라는 용어의 사용은 아직 정책의 중심이 가족에 국한되어 있어 오히려 가족을 지나치게 강조하는 문제가 있고, 다문화와 오히려 상반되는 가부장적 가족제도를 고착시킬 수 있다는 우려도 제기된다.

참/고/문/헌

금혜성 · 임지혜(2010). 독일 · 영국 · 한국의 다문화사회로의 이행과정 국제 비교. 다문화사회연구, 제3권 제2호.

김선영(2009). 한국과 독일의 다문화 비교 : 다문화정책 환경과 정책 특징을 중심으로. 한국정책연구, 제9권 제1호.

신재주(2010). 일본, 독일, 호주의 다문화정책에 관한 비교연구 : 다문화정책의 특성과 한국에서의 시사점을 중심으로. 사회과학연구, 제17권 제3호.

임형백(2009). 한국과 서구의 다문화사회의 차이와 정책 비교. 다문화사회연구, 제2권 제1호.

Chapter

06

다문화 가족상담의 기초적 이해

1. 상담기법
2. 다문화상담의 이해
3. 국내 다문화상담
4. 내담자의 문화현상

| Chapter 6 |

다문화 가족상담의 기초적 이해

1. 상담기법

1) 상담(Interview)이란?

상담(interview)이란 사회복지사와 클라이언트 사이의 일련의 의사소통으로 사회복지개입의 주요한 도구이다. 사회복지실천과정에서 상담은 전문적 관계에 바탕을 두고 정보수집, 과업수행, 클라이언트의 문제나 욕구해결 등과 같은 목적을 수행하는 시간제한적 대화이다.

※ 결혼이민자의 상담에는 기본적인 사회복지실천의 접근방법으로서의 상담을 넘어 클라이언트 각각의 출신국가의 문화와 언어가 상담 시 요구되는 경우가 많다. 현재 국내 결혼이민자의 출신국가별 구성비에 따라 중국-베트남-필리핀-태국의 비율로 내담자가 많으며, 특히 결혼이민자의 입국 후 이루어지는 기본적인 정보제공을 위한 상담의 경우에는 이미 제작되어 있는 서비스 내용에 대한 자료를 통해 전달이 가능하며, 동반하는 배우자 또는 가족들의 지지를 통해 전달이 가능하지만 위기상황의 문제해결을 위한 내담 시에는 상담자의 특별한 언어기술 또는 통역자의 존재가 반드시 수반되어야 한다.

(1) 상담의 조건

① 물리적 조건

상담의 물리적 조건은 참여자들의 태도, 감정, 반응 등에 중요한 영향을 미친다고 할 수 있다. 다음은 효과적인 상담의 물리적 조건이다.

- 적절한 채광과 조명
- 안락한 온도
- 넓은 공간(답답하거나 갇힌 느낌이 들지 않을 정도)
- 어울리는 가구와 실내장식
- 편안한 의자
- 비밀을 이야기할 수 있는 독립된 공간
- 방해를 받지 않는 분위기
- 참여자들 사이의 개방적 공간

② 라포 형성

사회복지실천과정에서의 라포(rapport)는 클라이언트와 상담자 사이의 상호이해와 작업관계의 수립을 가능하게 하는 조화, 공감, 화합의 상태이다. 따라서 상담과정, 특히 초기과정에서 라포가 잘 형성되어야 클라이언트가 자신의 감정을 개방적으로 드러내고 말하기 수치스럽거나 두려운 문제들을 방어 없이 표현하게 된다.

라포 형성은 사회복지의 기본 가치인 클라이언트의 존엄성, 수용, 자기결정 등을 실천할 수 있는 기초를 제공한다. 따라서 상담자는 문화와 가치관이 다른 클라이언트에 대한 이해가 가능하도록 그들을 비판과 편견 없이 수용하고 존중해야 한다.

(2) 상담의 종류

① 정보수집 상담

정보 수집을 목적으로 하는 상담을 일반적으로 사회조사라 하기도 하며, 클라이언트의 개인적 · 사회적 문제와 관련된 인구사회학적 배경과 개인 성장 · 발달사에 관한 정보를 수집한다. 이렇게 정보를 수집하는 이유는 클라이언트에 관한 모든 것을 하나도 빠짐없이 알기 위해서가 아니라 클라이언트의 배경을 앎으로써 문제를 좀 더 잘 이해하기 위해서이다.

가. 정보노출을 이끌어내는 방법

정보노출을 이끌어내는 반응은 상담자가 클라이언트의 말을 주의 깊게 듣고 클라이언트가 계속해서 말할 수 있도록 격려하는 것이다. 여기에는 고개를 끄덕이거나 "그래서요", "그렇군요" 등의 반응이 포함된다. 이런 반응을 통해 클라이언트는 상담자가 자신을 수용하고 이해하고 있음을 느끼게 된다.

나. 말을 바꿔서 설명하는 기법

말을 바꿔서 설명하는 기법은 클라이언트의 말을 새로운 단어를 사용하여 재진술하는 것이다. 이는 주로 클라이언트의 감정보다는 인지적 측면에 초점을 두어 재진술하는 것이다. 이러한 기법은 클라이언트가 감정에 사로잡혀 논의의 초점을 잡지 못할 때 주로 사용하지만 잘못 사용하면 클라이언트의 감정을 무시하는 것으로 보일 수 있다.

다. 개방적·폐쇄적 질문하기

개방적·폐쇄적 질문은 상담자가 클라이언트로부터 구체적인 정보를 이끌어내기 위해 적절히 사용한다. 우선 폐쇄적 질문은 클라이언트의 대답을 "예", "아니요"로 제한하는 것으로 "결혼하신 지 얼마나 되셨습니까?" 하는 식으로 묻는 것이다. 반면에 개방적 질문은 그 내용을 클라이언트에게 맡기는 것이다. "남편과의 일 때문에 화가 많이 나신 것 같은데 어제 저녁에 있었던 일을 좀 더 자세히 이야기해 주시겠어요?" 하는 것이다.

라. 구체적 표현을 추구하는 기법

구체적 표현을 추구하는 기법은 클라이언트가 생각하기에 따라 다양하게 해석할 수 있는 단어를 사용하거나 추상적으로 상황을 설명할 때, 오해나 실수를 최소화하기 위해 좀 더 구체적으로 표현해 줄 것을 요구하는 기법이다. 여기에는 상담자가 클라이언트의 말을 제대로 이해했는지를 확인하고 명확히 하는 것이 포함되는데, 예를 들어 "그러니까 남편이 술을 마시고 들어오면 때릴까 봐 두렵다고 말씀하시는 거죠? 맞습니까?"라고 하는 것이다. 이렇게 클라이언트의 인지의 표현이 모호하거나 복잡할 때 명확한 의미를 파악하도록 하는 것이다.

마. 요약하기

요약하기는 한 주제에서 다른 주제로 넘어가기 전에 그동안 논의된 바를 간단히 요약하여 핵심을 잡아주거나 지나치게 긴 클라이언트의 말을 정리하여 장황한 주제가 어떻게 연결되는지를 간략히 설명해 주는 것이다. 이 기법은 면담과정에서 나온 주요 요인들을 연결하여 클라이언트가 문제에 대해 좀 더 명확한 관점을 가질 수 있도록 돕는다.

바. 초점제공과 유지하기

초점제공과 유지하기는 제한된 시간에 최대의 효과를 가져와야 하는 전문적 관계에서 불필요한 방황과 시간낭비를 막아주는 효과적인 기법이다. 클라이언트가 초점을 벗어나는 주제로 장황하게 이야기할 때 이야기의 주제를 다시 잡아주는 기법으로 상담자도 전 과정 동안 초점을 유지할 수 있다.

② 사정상담

사정을 위한 상담은 구체적인 서비스에 대한 의사결정을 하기 위한 것으로 앞의 정보 수집을 위한 면담보다 훨씬 더 목적 지향적이다. 클라이언트의 현재 문제 상황, 그 문제해결의 목표 그리고 목표달성을 위한 개입방법의 결정 등이 사정면담을 통해 이루어지게 된다.

③ 치료적 상담

치료적 상담의 목적에는 클라이언트의 변화를 돕기 위한 것과 클라이언트의 더 나은 사회적 적응을 위해 환경을 변화시키는 것이 있다. 우선 클라이언트의 변화를 위한 치료적 면담은 주로 클라이언트의 자신감과 자기효율성 강화, 필요한 기술훈련, 문제해결능력 증가 등을 목적으로 한다.

※ 결혼이민자의 상담 시 원활한 상담을 위해 통역자와 동석하여 상담을 하는 경우가 빈번한데, 이러한 경우에는 정보수집 상담에 시간이 많이 소요되는 경우가 많다. 특히 통역자가 상담 기술에 노련하지 못할 시에는 클라이언트의 장황한 설명이 이어지는 경우, 초점을 유지하기 어렵고 또한 통역자가 클라이언트와 동일 국가 출신이라면 클라이언트의 감정에 이입되어 상담이 무리하게 이어지는 경우가 많다. 그럴 때에는 가급적 폐쇄적 질문을 중심으로 필요한 정보를 우선적으로 수집하고, 사정 상담으로 진행하여 클라이언트에게 필요한 법률정보를 전달하는 방식으로 진행하는 요령이 필요하다. 또한 상담기술이 부족한 통역자

와 동석하는 경우에는 사전에 충분한 상담기술 및 상담진행 순서를 사전에 조율하고 상담을 진행하는 요령이 필요하다. 특히나 결혼이민자를 대상으로 하는 상담의 경우, 한국어 구사능력이 가능한 결혼이민자를 통역자로 활용하는 경우가 빈번하여 상담과정 중에 의도하지 않은 통역자 스스로의 치료적 상담이 진행되는 경우가 발생하므로 사전에 상담의 진행상황을 조율하는 것이 요구된다.

(3) 상담의 기술

① 관찰기술

관찰기술은 클라이언트가 말하고 행동하는 것에 주의를 기울여 그를 이해하는 것이다. 관찰은 초기면담 이전에 클라이언트가 대기실에서 기다리고 있는 상황에서부터 시작된다. 낯선 대기실에서 앞으로 일어날 일에 대한 초조함, 불안, 두려움 그리고 비자발적 클라이언트의 경우 분노, 원망 등의 비언어적 행동들이 나타날 것이다. 면담 중에는 역시 클라이언트의 언어적 표현뿐 아니라 비언어적 표현에도 민감해야 한다. 비언어적 표현이 언어적 표현과 일치하는가 하는 것은 클라이언트의 감정과 표현의 차이를 밝히는 데 매우 중요하다. 그러나 비언어적 표현을 관찰한 결과에 대한 판단은 사람에 다를 수 있으므로 항상 신중하여야 한다. 따라서 항상 상담자는 자신의 관찰이 완벽하다고 생각해서는 안 되며 쉽게 속단하지 않도록 관찰기술을 통해 얻은 정보가 다른 정보와 일치하는지를 판단하여 사용해야 한다.

② 경청기술

경청기술은 상담에서 가장 중요한 기술이다. 클라이언트가 무엇을 말하는지, 상담자의 질문에 어떻게 반응하는지를 듣는 것이다. 이때 경청은 클라이언트의 어려움에 공감하고 그에게 필요한 반응을 해가면서 적극적으로 잘 듣는 것이다. 경청기술은 그냥 클라이언트의 말을 듣는 것이 아니라 그가 지금 무엇을 표현하고 있는지, 그의 감정과 사고는 어떤 것인지 이해하고 파악해 가면서 듣는 것이다. 공감적 태도 속에서의 경청은 그것만으로도 클라이언트로 하여금 감정의 정화를 경험하고 마음의 안정을 찾게 하는 효과를 가져올 수 있다.

특히 감정이 격해 있거나 부정적인 감정을 표현하여 해소하고자 하는 클라이언트에게 경청은 그 자체가 변화를 위한 적극적 개입일 수 있다.

③ 질문기술

앞의 정보수집 상담을 위한 기술에서도 언급하였듯이 질문기술은 클라이언트로부터 필요한 정보를 이끌어내기 위해 가장 많이 사용되는 기술이다. 질문을 하여 대답을 유도함으로써 상호작용을 돕고 클라이언트에 대한 이해와 문제해결에 필요한 정보를 효과적으로 얻어낼 수 있다. 그러나 질문을 잘못하면 클라이언트를 추궁하거나 이야기 흐름을 차단시키는 역효과를 가져올 수도 있다. 때에 따라 클라이언트는 자신의 문제를 끄집어내기 위해 먼저 상담자에게 개인적 질문을 하는 경우가 있다. 예를 들어, 여자 클라이언트가 미혼으로 보이는 상담자에게 "결혼은 하셨어요?"라고 물으면서 "결혼을 하지 않으셨다면 어떻게 말을 꺼내야 할지…" 하면서 말을 흐리는 경우가 있다. 이것은 상담자의 결혼 여부가 관심사가 아니라 자신의 어려운 부부관계 문제를 꺼내기 위한 서두일 수 있다.

④ 초점 · 안내 · 해석기술

초점 · 안내 · 해석기술은 클라이언트가 말한 것을 간단히 재진술, 요약하거나 클라이언트가 미처 깨닫지 못한 것을 지적해 주는 면담기술이다. 해석은 클라이언트의 표현과 행동상황 저변의 단서를 발견하고 그 결정적 요인들을 이해하여 그것을 클라이언트가 깨달을 수 있도록 도와주는 방법이다. 그러나 특정 상황에 대한 해석이 다양할 수 있으므로 항상 조심스럽게 사용하여야 한다. 또한 해석은 클라이언트가 받아들일 수 있는 형태여야 한다. 예를 들어, 남편에 대한 분노를 클라이언트의 아버지에 대한 분노의 전치로 해석하고자 할 때에 직접 해석을 전달하기보다는 "아버지는 어떠했습니까?" 하고 질문하면서 요인들의 관련성을 클라이언트가 스스로 깨닫도록 이끌어 가는 방법도 있다.

⑤ 분위기 조성기술

분위기 조성기술은 상담을 위해 심리적으로 편안한 분위기를 만드는 기술이다. 우선 상담은 클라이언트와의 상호작용이 특징적이므로 서로에 대한 이해와 개방성을 촉진시키는 방향으로 분위기가 형성되어야 한다. 이를 위해서 상담사는 공감, 진심 그리고 온화함으로써 상담의 분위기를 조성할 수 있다. 모든 상담의 분위기 조성은 상담 시작부터 이루어지게 되는데 상담이 이상적으로 시작되려면, 클라이언트가 와서 편하고 자연스럽게 자신의 관심사를 이야기할 수 있어야 한다.

※ 결혼이민자의 상담시 문화차이로 인하여 관찰 시와 분위기조성 시 상담자의 예상과는 다른 클라이언트의 반응을 볼 수 있는데 이러한 반응을 통해 자신의 해석을 섣불리 판단해서는 안 된다. 문화차이로 인해 반응 해석의 오류를 방지할 수 있는 방법은 그 문화를 이해하는 것인데 달리 방법이 있는 것은 아니고 꾸준한 이주민들과의 만남과 상담을 통해 문화차이를 발견하고 극복하는 것이 유일한 방법일 것이다. 또한 결혼이민자가 2인 이상 동반하여 상담 시 클라이언트 상호 간의 신뢰감이 생겨 정보노출에 수용성이 확보되나 클라이언트 2인의 환경이 명확히 다르고, 질문에 대한 반응이 다를 것임에도 불구하고 클라이언트들 간의 감정이 뒤섞이어 같은 답변을 내놓거나 이미 대답한 클라이언트와 같은 개입방법을 요구하는 경우가 발생한다. 이와 같은 경우에는 초기 상담은 함께 진행하는 것이 유리하나 2차 상담 이후로는 개별적인 상담을 갖는 것이 좋은 상담을 위한 요령이다.

(4) 내담방식별 상담기법

(가) 인터넷 상담기법

① 인터넷 상담 요청의 두 가지 종류

가. 이해를 바라는 글

- 내담자 자신의 감정을 표현한 단어나 문구가 많으며 극단적인 표현이 많음

나. 정보를 요청하는 글

- 비교적 간결하며 필요로 하는 정보를 구체적으로 제시

② 답변의 과정

가. 반복(공감) 나. 요약(공감)

다. 명료화 라. 재구조화(공감)

마. 직면(confronting) 불일치, 현실의 왜곡, 교훈적 직면

③ 답변의 순서

가. 제목달기

나. 가벼운 인사 및 상담자 소개

다. 내담자가 보지 못한 긍정적 감정이나 긍정적인 태도 등을 말해줌

라. 현재의 심정과 마음상태를 공감

마. 핵심문제를 요약정리

바. 상담(구체적인 정보 제시 혹은 안내)

사. 직면(필요시)

아. 격려와 추후 상담의 가능성을 공지

④ 사이버 상담의 기본 전략

가. 상황은 결코 객관적일 수 없다. 내담자가 처한 객관적인 상황보다는 내담자가 경험하는 주관적인 심리적 의미에 귀를 기울인다.

나. 답변 시간이 너무 지체되지 않도록 한다.

다. 장난스러운 상담에도 성실하게 임한다. 극단적인 단어나 노골적인 표현, 짧은 글, 두서없는 글, 불순한 의도를 가진 글 등에 대해서도 성실하게 임한다.

라. 내담자를 회피하거나 포기하지 않는다.

마. 상담자가 할 수 있는 만큼만 한다.

바. 상담자 자신의 문제에서 극복되어야 한다.

사. 인터넷 탐색 능력을 강화해야 한다.

아. 다른 사람들의 상담 사례를 간접 경험해 본다.

자. 상담의 기본적 절차를 따른다.

차. 사이버 상담에 대한 자신감을 가진다.

카. 심각한 문제가 있으면 면접상담으로 유도한다.

타. 가능한 한 문장을 짧게 쓴다. 모니터에 집중하는 능력이 책에 비해서 떨어진다.

(나) 전화 상담기법

전화상담의 경우에는 대부분이 요구정보의 획득을 목적으로 하는 경우가 많으므로 정형화된 매뉴얼에 따라 서비스의 정보를 제공하는 것이 가장 중요하며, 위기상황의 상담 시에는 가급적 정확한 위치를 알려 약속된 일자에 대면상담을 하도록 유도하는 것이 필요하다.

① 음성

목소리는 보이지 않는 클라이언트가 상담자에게 자신의 문제를 꺼낼 수 있도록 유도하는 방법이므로 밝고 맑은 목소리로 친절함을, 건강하고 힘이 있는 목소리로 자신감과 신뢰감을 주어야 한다. 사무적이거나 차가운 느낌, 불안하고 침착하지 않은 목소리는 클라이언트가 신뢰를 갖지 못하게 할 수 있다.

② 억양

높낮이가 없는 음성은 지루한 느낌, 무성의한 느낌을 줄 수 있으므로 문장에 탄력을 주는 방법, 질문 시 끝부분의 중간내림 등 문장내용에 맞는 적절한 억양 사용은 클라이언트의 집중도를 높이고 상담의 분위기를 유도할 수 있다.

③ 속도

전화상의 대화는 일반 대화보다는 약간 빠른 속도로 말을 하게 되는데 결혼이민자들과의 대화에서 빠른 속도의 말은 오히려 클라이언트가 알아듣지 못하거나 불친절한 느낌을 받을 수 있고, 비언어적 표현을 감지하지 못하므로 대면상담시보다 천천히 또렷한 발음으로 진행하여야 한다.

④ 명확한 발음

전화대화의 경우 더욱 명확한 발음이 중요하다. 불명한 발음은 듣는 이에게 혼란을 주며 잘못된 내용으로 전달될 수도 있다. 특히 결혼이민자를 대상으로 하는 전화대응에서 정확한 발음은 매우 중요하므로 명확한 발음으로 정보를 전달하여야 한다.

⑤ 효과적인 전화 응대법

가. 효과적인 의사전달 음성표현

- 표준어를 사용하여야 한다.
- 가능하면 쉬운 표현을 한다.
- 경어를 사용한다.
- 품위 있는 말을 써야 한다.
- 지나친 수식어는 피해야 한다.

나. 음성관리

- 바람직한 목소리 : 미소가 담긴 목소리, 친절한 목소리, 부드러운 목소리, 볼륨변화가 있는 목소리, 명쾌한 목소리, 밝은 목소리
- 개선해야 할 목소리 : 무기력한 목소리, 퉁명스러운 목소리, 단조로운 목소리, 어두운 목소리, 비음(콧소리), 차가운 느낌을 주는 목소리

※ 이성적인 목소리는 밝고 맑으며 미소와 친절이 배어나는 목소리, 건강하고 힘이 있어 자신감과 확신을 전할 수 있는 목소리, 회화적이고 음률의 변화와 음의 고저, 강약 등의 표현이 자연스러운 목소리

다. 적절한 속도

전화상의 대화는 한정된 시간 안에서의 대화이므로 일반 대화보다는 약간 빠른 속도로 말하여야 한다.

라. 문장의 고저 강약

- 기분이 고양되면 자신도 모르게 높고 강렬한 어조가 되어 버린다.
- 재촉하는 듯한 말은 강한 인상을 준다.
- 자신이 없으며 나약한 목소리가 된다.
- 말의 시작이 강하고 끝부분이 약해지기 쉽다.
- 탄력성 있는 목소리를 내는 습관을 가지자.
- 너무 조용하고 온건한 어조의 목소리는 소극적인 느낌을 준다.
- 말의 끝맺음은 신뢰감이 생기도록 확실하게 하자.

마. 상황별 효과적인 전화응대

- 긍정적일 때 : 예 알겠습니다. 그렇습니다.
- 부정적일 때 : 그럴 리가 없다고 생각합니다만 무언가 잘못되었다고 생각합니다만.
- 맞장구치는 법 : 아, 네, 그렇군요, 그렇습니다.
- 거부할 때 : 죄송합니다만, 정말로 죄송합니다만.
- 부탁할 때 : 양해해 주셨으면 합니다만.
- 사과할 때 : 번거롭게 해드려 정말로 죄송합니다.
- 잠시 대기를 요할 때 : 잠시만 기다려 주십시오, 잠시 확인해 보겠습니다.
- 다른 담당자로 이전할 때 : 죄송합니다만 다른 담당자와 통화하셔야 합니다. 죄송합니다만 여기서는 처리가 어렵습니다. 빠른 시간 내 연락 받으시도록 담당자에게 전달하겠습니다.

2. 다문화상담의 이해

1) 다문화상담의 개념

'다문화상담(multicultural counseling)'이란 상담자와 내담자가 문화적 배경, 가치관 그리고 생활양식에 있어서 다른 상담관계를 말한다. 이와 유사한 용어로는 '범문화적 상담(cross-cultural counseling)'이 있다. 이는 두 집단, 즉 한 사회의 다수 또는 주류집단과 인종이나 민족적으로 소수 또는 비주류 집단 간의 비교를 의미한다(Speight, Myers, Cox & Highlen, 1991; 강진령, 2003). 역사적으로 볼 때, 다문화적 상담은 미국의 백인 상담자와 미국 사회의 소수민족에 속하는 내담자 사이의 상담관계로 개념화되곤 한다. 다문화주의에서는 문화인류학적 변인(국적, 민족, 언어, 종교), 인적 변인(연령, 성별, 장애, 지리적 위치), 지위 변인(교육과 사회 경제적 배경), 관계 유형을 고려한다(Pedersen, 1994).

D. W. Sue와 Torino(2005)는 상담과정과 상담자의 역할 측면에서 다문화 상담 및 치료를 다음과 같이 정의하였다. "다문화 상담과 치료는 조력하는 역할이자 과정으로 정의할 수 있다. 내담자의 생활 경험 및 문화적 가치와 일관된 상담 목표와 양식들을 사용한다. 내담자의 정체성을 개인, 집단, 그리고 보편적 측면을 포함하는 것으로 인정하고, 조력과정에서 개인적, 문화 특수적 전략과 역할을 사용하며, 내담자와 내담자 체계를 평가하고 진단하며, 치료할 때 개인주의와 집단주의 간 균형을 맞춘다." 이는 상담 및 심리치료의 전통적 정의와 대조되는 몇 가지 시사점을 갖는다.

첫째, 이는 상담자의 역할을 확장하고 상담에 적절하고 유용하다고 간주되는 치료기술의 레퍼토리를 확대하는 정의이다.
둘째, 생활 경험 및 문화적 가치와의 조화를 시사한다.
셋째, 존재의 개인적, 집단적, 보편적 차원을 총체적으로 인식하도록 한다.
넷째, 보편적 전략과 함께 문화 특수적 전략의 사용에 대해 시사하고 있다.
다섯째, 내담자를 사회적 및 문화적 맥락의 산물인 개인으로서도 지각할 수 있다.

문화에 대한 광의의 개념은 인종, 언어, 그리고 국적이 다른 데서 연유하는 협의의 문화 차이뿐 아니라 종교, 지방, 계층, 학력, 신체장애 등으로 인하여 형성된 사고방식도 포함한다. 따라서 광의의 다문화 개념에서 볼 때 다문화상담은 국적이나 인종, 민족 등 문화 인류학적 변인이 다른 사람과의 상담에서뿐 아니라 한국국적을 공유하는 상담자와 내담자 사이에서도 일어나는 일이다(상담학개론, 2011).

문화를 국가, 민족, 종족의 테두리로 협의의 개념에서 이해할 때 '다문화상담'은 상담의 국가, 민족, 종족과 다른 배경을 지닌 내담자와의 상담이라고 정의내릴 수 있다. 본 연구에서 사용하는 다문화상담의 개념은 협의의 개념이며, 이는 성장 및 문화적 배경에서 비교적 뚜렷한 차이가 형성되어 있는 타문화권 내담자와의 상담에 초점을 맞추고자 함이다.

2) 다문화상담의 발전

1980년대 이후 미국 내에서 아프리카계만이 아니라 아시아계와 라틴계 등의 소수민족이 급격히 늘어났고 이들이 사회경제적인 측면에서도 서서히 미국 주류문화 속에서 성장하기 시작하였다. 이에 따라 타문화의 사람들도 정신건강 분야에 있어서 주요한 대상으로 등장하였다.

정신분석이론, 행동주의, 인본주의, 인지치료 등 현대 대부분의 상담이론들은 주로 유럽계 백인 중류층 미국인들의 문화적 가치, 관습, 철학, 언어를 토대로 형성되었다. 따라서 역사적 측면에서 볼 때, 상담은 주로 중산층 백인 남성들에 의해 발전되었고 지배되어 온 전문직이라 해도 과언이 아니다(강진령, 2003). 이러한 사회적 변화와 기존 상담이론 간의 괴리에 의해 상담전문가들과 연구자들은 문화적 배경이 다른 상담자와 내담자의 상담관계에서 나타나는 다양성에 대해 관심을 갖기 시작하였고, 이러한 관심은 심리학적, 상담학적 연구로 이어졌다.

다문화주의자들은 이러한 배경에 의해 현대의 상담과 심리치료가 다른 문화적 배경을 지닌 내담자들에게도 마찬가지의 효과가 있는가에 대해 비판해 왔으며(Akinson, 1993), 현대 상담과 심리치료 이론은 다양한 문화권에서 살고 있는 사람들의 광범위하고 복잡한 문제를 설명하고 예측하고 해결하는 데 부적합하다(Ivey, Ivey & Simek-Morgan, 1993; Pedersen, 1994; Sue, 1995)는 평가가 등장하였다. Sue(1992)는 현대 상담이론의 대부분이 인간은 느낌, 행동, 사고 및 사회적 존재이면서도 그보다 훨씬 더 생물학적, 문화적, 정신적, 정치적 존재임을 인식하지 못한다고 비판하기도 한다.

즉, 동일한 상담기법과 전략을 인종, 민족, 성별, 연령, 사회적 지위 등에 상관없이 획일적으로 적용시켜 온 지금까지의 상담 방법과 그러한 경향성에 대하여 이의를 제기하며 다문화상담에 대한 논의가 시작되었으며, 이리하여 지난 30년간 상담학계에서는 상담자가 다문화적 능력을 갖추어야 함을 끊임없이 강조하여 왔다(Arrendondo, Tovar-Blank, & Parham, 2008). 이는 효과적인 상담 진행을 위해서 필수적으로 상담자와 내담자의 문화적 차이를 최소화하여야 하며, 또한 문화적인 맥락에서 인간의 행동에 대한 올바른 해석이 필요하다는 것을 의미한다.

이러한 흐름 속에서 다문화상담의 이론들이 생성되었고, Ivey(1987)는 다문화상담을 '상담교육의 핵심'이라 하였으며, Perdesen(1994)은 '심리학의 제4세력', Midgette과 Meggert(1991)는 '상담의 새로운 패러다임'이라고 소개하는 등 문화중심적 상담의 중요성은 날로 더해가고 있다고 할 수 있다.

3) 다문화상담의 특성

본 장에서는 다문화상담이 전통적인 상담과 다르게 가지고 있는 특성을 살펴보고자 한다. 다문화상담의 특징에 관해 Frank와 Frank(1991)의 연구와 Wampold(2007)의 연구에서는 일반적인 다문화상담과정에는 다음의 네 가지 요소를 포함하는 특징이 있음을 소개한다.

첫째, 내담자의 현재 문제를 탐색하고 이해하는 상담자의 개방성과 능력, 둘째, 새로운 기술을 배우고 내담자의 문화적 가치를 적절히 수용하는 상담자의 자발성과 능력, 셋째, 상담자를 신뢰로운 문화적 치료자로 바라보는 내담자의 지각, 넷째, 내담자의 문화적 믿음에 대한 상담자의 적절한 반응을 가리킨다.

또한 Sue와 그 동료들(1996)은 다문화의 문화적 존재로서의 개인을 돕기 위해서는 통합적 관점 아래 수행되어야 함을 주장하며, 이를 위해 다문화상담자가 고려해야할 기존의 상담개념과 비교되는 다문화상담의 특징을 제안하였다. 첫째, 다문화상담에서는 도움의 범위가 포괄적이어야 한다. 둘째, 문화를 포괄적이고 역동적으로 정의해야 한다. 셋째, 확대된 관계체제와 전체적인 시각에서 도움방법을 모색해야 한다. 넷째, 평가에 함의된 사회정치적 맥락을 이해해야 한다. 다섯째, 문화의 복합성을 이해해야 한다. 마지막으로, 구성주의적 관점을 채택하여 인간을 문화적인 영향을 받고 주변 사람들과 관계를 맺으며 실체를 주관적으로 인식하는 존재로 바라보는 인간관을 가져야 한다는 것이다.

한편 다문화상담의 제도적·사회적 특징은 사회발전과 통합을 위한 정치적인 의미가 있다는 점이다. 다문화상담이 외국인의 유입 정치적인 의미가 있다는 점이다. 정치철학자들이 문화적 소수자들의 문화권리의 보호를 다문화주의의 일차적 목표로 상정하는 반면, 공식적 다문화주의 국가에서 다문화주의는 이주민 그룹 간의 분열을 막고 국가에 대한 소속감을 강화하기 위한 정치적 수단으로서의 성격이 강하다(Joppke, 2001). 국내의 다문화상담에 대한 사업이 대부분 정부기관의 주도로 이루어지고 있음도 이러한 배경에 기인한다고 볼 수 있다.

다문화상담의 내용 측면에서의 특징을 살펴보면, 다문화상담 내담자의 문제 유형은 부부관계 문제, 부모-자녀관계 문제, 고부문제, 폭력문제, 경제 및 취업문제, 체류·국적 문제, 인권문제 등으로 매우 다양하다(보건복지부, 2008). 따라서 다문화상담에서는 내담자에게 심리정서지원뿐 아니라 센터 프로그램 연계, 전문기관 연계, 정보자료 제공 등의 서비스를 제공해야 하는 상황이 자주 발생하게 된다. 이로 인해 전통적인 상담에서 얘기하는 것 이상의 상담자 역할이 요구되며, 이러한 과정에서 상담자에게 어려움이 야기될 수 있다.

위와 같이 다문화상담이 갖는 다양한 특성들은 다문화상담자에게 기존의 상담이 갖는 개념 이외의 새로운 역할을 부여하며, 이는 어려움의 요소로 작용할 수 있는 것이다.

4) 다문화상담 역량

유능한 다문화상담자가 되기 위해서는 상담자의 문화적 역량을 개발해야 한다. '문화적 역량(cultural competence)'의 사전적인 의미는 '문화와 관련된 일을 해낼 수 있는 힘'인데, 다문화사회에서 문화적 역량은 개별 구성원의 문화적 다양성을 감당하며 다양성으로 인해 벌어지는 여러 가지 상황에 대처하는 일을 해낼 수 있는 능력을 나타낸다(구자경·임은미, 2009). Cross는 문화적 역량을 다문화적 서비스 환경에서 서로 다른 문화, 언어, 계층, 인종, 민족, 종교에 대한 존중을 바탕으로 다양한 문화적 배경을 가진 내담자의 문화적 차이에 효과적으로 반응하는 능력(Cross, Bazron, Dennis, & Issacs, 1989)으로 정의한다.

Cross 등(1989)은 "차이에 대한 자각과 수용, 자기인식, 차이의 역동에 대한 대응, 내담자의 문화에 대한 지식, 상담기술의 문화적 적용"을 문화적으로 유능한 상담자의 특징으로 보았다. 각각을 살펴보면, "차이에 대한 자각과 수용"은 모든 내담자가 가지고 있는 개인적이고 독특한 차이들을 인식하는 것에 더하여, 내담자의 세계관과 활동 속에 존재하는 문화적 차이에 대해서도 알아야함을 의미한다. "자기인식"은 상담자가 소수민을 공감하기 어렵게 만드는 자신이 가지고 있는 선입견을 인식해낼 수 있는 능력이다. "차이의 역동에 대한 대응"은 자기인식과 관련되며 이는 내담자와의 상호작용에 내재한 문화 간의 미묘한 차이들을 상담자가 알고 있음을 보여주는 것이다. 내담자의 문화를 고려하여 호칭이나 말투를 적절히 선택하는 등의 행동이 이에 속한다. "내담자의 문화에 대한 지식"은 상담자와 내담자 사이의 협동적 관계의 발달과 직결되는 역량이며, 내담자가 성장하고 생활 문화권에 대한 지식을 쌓아야 함을 의미한다. "상담기술의 문화적 적용"은 내담자의 문화적 가치에 보다 잘 맞는 상담 프로그램과 개입전략을 고려하여 개선하는 과정이다.

Sue 등(1992)이 제안한 다문화적 상담 역량은 "자신의 문화적 가치와 편견에 대한 상담자의 자각, 내담자의 세계관에 대한 상담자의 자각, 문화적으로 적절한 개입 전략"이다. 이는 첫째, 문화적 인식으로 실천가 자신의 문화적 배경에 대한 자기 인식과 타 집단의 문화적 다양성에 대한 인식과 존중이 필요함을 의미한다. 둘째, 다양한 문화와 집단에 대한 지식으로 내담자 출신국가의 사회, 종교, 세계관, 의사소통 양식 등과 같은 문화에 대한 충분한 지식을 갖추는 것을 말한다. 셋째, 문화적으로 기존의 이론과 개입 전략들이 내담자의 문화적 맥락에서 적절한지를 파악하고 필요에 따라 유연성을 가지고 조정할 수 있는 능력을 말한다(주은선 · 이현정, 2010).

이와 관련하여 D. W. Sue와 Torino(2005)는 상담자의 문화적 유능성을 다음과 같이 정의하였다. "문화적 유능성은 내담자와 내담자 체계들의 적절한 발달을 최대화하는 행동에 몰두하거나 그런 조건을 창출하는 능력이다. 다문화적 상담 능력은 상담자가 다원적인 민주사회에서 효과적으로 기능하는 데 필요한 인식, 지식 그리고 기술(다양한 배경 출신의 내담자들과 의사소통하고, 상호작용하고, 협상하고, 개입하는 능력)을 획득하고, 조직적 · 사회적 수준에서 모든 집단에 보다 적절하게 새로운 이론, 실제, 정책 그리고 조직구조를 발달시키기 위해 효과적으로 활동하는 것으로 정의된다." 즉, 다문화상담자가 갖춰야 하는 다문화적 상담 역량을 크게 인식, 지식, 기술의 영역으로 구분하여 설명하고 있다.

Welfel과 Patterson(2009)은 다문화상담자가 다문화 내담자와 효과적으로 작업하기 위해 개발할 필요가 있는 구체적인 기술들을 다음과 같이 제안한다.

첫째, 상담회기에서 언어적 장벽을 해결하는 방안을 마련하여야 한다. 만일 언어적 장벽이 존재할 때, 다문화가족 상담자는 언어에 의존하는 것을 다소 줄이는 방법(행동적 기법이나 예술과 음악 등을 통한 표현방식)을 사용할 수 있어야만 한다.

둘째, 다문화가족 상담자는 무조건적인 긍정적 수용과 공감, 그리고 솔직성의 핵심적 상황들을 전달하는 수단에 있어서 좀 더 융통성을 가질 필요가 있다. 특히 다문화가족 상담자는 상담에 있어서 좀 더 많은 구조화기법과 질문기법을 사용할 필요가 있다.

셋째, 다문화가족 상담자는 심리 내적인 문제와 정서적 자료들에 대한 관심에 융통성을 지녀야 한다. 즉, 문화적으로 다른 내담자는 정서적으로 초점을 둔 상담회기보다 좀 더 구조적이고 지시적이며 행동요법적 접근에 더 효과적일 수도 있다. 따라서 다문화가족 상담자는 적극적이고 지시적인 접근의 사용과 이러한 접근을 적용할 수 있는 기술들을 익히는 데 개방적일 필요가 있다.

넷째, 다문화가족 상담자는 내담자의 개인적 행동과 감정에 관련된 것뿐만 아니라 내담자의 행동과 상황에 영향을 주는 단체나 조직에 대한 개입전략을 포함하여야만 한다. 즉, 내담자로 하여금 자신의 삶에서 불평등에 이의를 제기하고 반응할 수 있는 개인적 능력에 대한 감각과 기술을 개발할 수 있도록 도울 필요가 있다.

다섯째, 다문화가족 상담자는 다른 문화에 대한 지식에 있어서 항상 완전히 통달하거나 현재적 상황을 아는 것이 아니기 때문에, 상담자는 상담과정을 좀 더 효과적으로 만들어 가기 위해 기꺼이 자신에게 조언해 줄 수 있는 다른 문화적 배경을 가지고 있는 전문가와 접촉을 발전시킬 필요가 있다.

여섯째, 다문화가족 상담자는 공동체에서 조력자로 활동하는 사람들과의 협력에 대한 개방과 문화 속에서 전통적인 지원자와 함께 작업할 수 있는 기술을 개발시켜야 한다. 여기서 전통적인 지원자는 종교 지도자, 집안의 가장, 또는 내담자가 문화적으로 용인하는 도움을 주는 자원으로서 인식하는 사람들을 포함한다.

한편 국내에서 강기정·이무영·강복정(2010)은 다문화가족지원센터 종사자의 경험을 연구한 결과, 다문화가족 상담가로서의 자질에 관해서 다문화상담가들이 상담가로서의 한계를 인식하고 있으며, 특수한 역량, 즉 다문화 역량 및 가족상담 능력이 필요함을 인식하고 있음을 발견하였다.

한재희(2011)는 "다문화 경험, 다문화 지식, 다문화 인식, 다문화상담 기술"의 네 영역으로 이루어진 상담자의 다문화역량 검사 설문지를 개발하여 상담자 스스로 현재 자신의 다문화적 특성과 상담적 접근 가능성에 대한 상태에 대해 인식하는 데 활용하도록 제안하였다.

보건복지부(2008)에서는 다문화상담자가 효과적인 문화 상담을 하기 위하여 문화적 민감성을 키워야 함을 제안하고, 그를 위한 방법을 단계별로 정리하여 '다문화가족 상담가이드북'에 소개한다.

첫째, 문화에 대한 인식훈련단계로 다문화상담자 자신과 문화적으로 다양한 내담자의 관점으로부터 상황을 정확하게 볼 수 있는 능력을 배양하는 과정이다.

둘째, 지식훈련의 단계로 상담자 자신의 문화와 타문화에 대한 다양한 자료를 통해 더욱 풍부하고 올바른 지식을 습득하는 과정이다.

셋째, 기술훈련의 단계로 다문화상담자가 문화적 자각과 올바른 문화적 지식을 바탕으로 상담적 상황에서 올바른 방법을 통한 다문화적 상담기술을 활용하는 과정이다.

넷째, 사례관리훈련으로 다문화상담자가 내담자가 속한 그룹이나 공동체로부터 얻을 수 있는 비공식적 자원과 정부나 공공기관으로 얻는 공식적 자원을 활용하여 내담자의 삶 전반에 효과적으로 개입할 수 있는 체계적인 사례관리적 기법을 습득하여야 한다. 즉, 다문화상담자의 내담자들은 사회경제적인 어려움을 지니고 있기 때문에 사회의 지원망을 활용하는 데 익숙해야 할 필요가 있음을 얘기한다.

앞서 살펴본 바와 같은 이러한 상담자 자신의 다문화적 역량이 길러져야 문화차이로 인해 달라지는 내담자의 세계관에 대한 보다 깊은 이해를 바탕으로 내담자와 상담협력체계를 구축하고, 내담자의 입장에서 효과적인 상담목표를 설정하며, 목표설정 과정에서 부딪히는 난관들을 극복할 수 있는 실질적인 도움을 줄 수 있다(상담학개론, 2011).

이와 같이 다문화상담자에게 보편적인 심리 상담에서 요구하는 기술이나 지식과 더불어 '다문화상담 역량'이라는 차별적인 전문성이 요구되는 상황에서 다문화상담자가 경험하는 어려움은 더욱 커질 것으로 예상할 수 있다. 또한 다문화상담이나 그 역량에 관한 이론은 대부분 해외의 연구에 의존하고 있음이 발견된다.

5) 다문화상담자의 역량

다문화상담자의 역량에 대한 논의는 AMCD(the Association for Multicultural Counseling and Development)의 모델로 구체화되어 있다.

첫째, 상담자는 문화적 가치와 편견에 인식이 있어야 한다.
둘째, 내담자의 세계관에 대한 상담자의 인식이 필요하다.
셋째, 상담자는 상담에서 적절한 개입 전략을 제공해야 한다.

6) 한국 다문화상담자의 역량

다문화상담의 개념은 서구 문화권에서 논의되어 왔던 것과 유사하지만 다문화상담의 대상과 상담의 양상은 한국 사회의 독특성으로 인해 차별적이다.

한국적 다문화상담의 이슈는 내담자의 심리적 고통을 포함한 다양한 어려움을 통합적 지원의 차원으로 접근해야 한다.

자민족주의가 강한 한국 사회에서는 상담자 역시 자신의 문화적 편견을 극복하고, 문화적 민감성을 증진하여야 한다.

일반 청소년, 시민의 다문화 인식 증진을 위해 다문화정책, 다문화사회문제 등에 대해 관심을 가질 필요가 있다.

3. 국내 다문화상담

1) 국내 다문화 경향

다문화사회는 문화적으로 이질적인 구성원들로 이루어진 사회이다(Sue, Ivey & Pedersen, 2008). 한국 사회도 세계화의 물살을 타고 다문화사회로의 진입이 활발히 이루어지고 있다. 한국 내 체류외국인은 매년 증가하는 추세로 2010년 197개국 약 126만 명이었다. 이는 전체인구의 약 2.5%에 달하며, 종래 단순기능 종사자 중심에서 결혼이민자, 유학생, 투자가 등으로 체류유형, 출신국가·민족 등이 매우 다양화되었다(법무부 2011). 이는 미국, 프랑스 등 선진국의 비율(10%)보다 낮지만 개발도상국 평균 비율(1.5%)보다 높은 실정이다(행정안전부, 2011). 협의의 다문화 개념을 기준으로 보면, 현재 우리나라의 주요 다문화 인구는 크게 국제결혼 이주여성, 북한이탈주민, 외국인근로자, 외국인 유학생으로 구성되어 있다(임은미 등, 2009).

국제결혼의 증가로 인한 다른 민족적 문화적 배경을 지닌 수많은 사람들이 한국 사회의 일원이 되어 함께 살아가고 있으며 다양한 문화적 가치관을 지닌 하위 문화권이 형성되어 있다. 국제결혼은 2004년 이후 지속적으로 국내 전체 결혼건수의 10% 이상을 차지하고 있으며 최근 10년간 한국 사회의 인구구성에 큰 영향을 미치고 있다(강복정, 2012). 2012년 1월까지 집계된 결혼이민자는 18만 2천 명, 그 자녀는 12만 2천 명으로, 특히 2010년 결혼이민자와 자녀를 포함한 인구가 총 인구의 0.6%에서 2050년에는 총 인구의 5%를 상회할 것으로 예측됨에 따라(한국보건사회연구원 2010), 다문화에 대한 관심이 증가하고 정책 연구가 활발히 이루어지고 있다.

국제결혼 이주여성들은 기본적인 의사소통도 되지 않는 낯선 나라에 와서 낯선 가족문화에 적응하면서 가정을 이루고 자녀를 출산하고 양육해야 하는 어려운 상황에 처한다. 또한 이들의 자녀들 또한 한국 사회에서 이질감, 분노감, 부담감을 많이 느끼며 적응에 어려움을 겪는 것으로 나타났다. 그러나 이들이 교사, 가족, 지역사회의 지지를 충분히 받으면 안정된 정체성과 자기 존중감 그리고 성장을 이루어 나가기도 한다는 것이 밝혀져(한정애, 2009) 결혼이주여성뿐만 아니라 가족 구성원들을 위한 적극적인 개입이 요구됨을 확인할 수 있다.

다음으로, 북한이탈주민은 북한을 탈출하여 우리나라에서 거주하고 있는 주민을 일컬으며, 탈북자 혹은 새터민이라고도 한다. 북한이탈주민의 수는 1996년 통계청 집계 이래 2008년까지 총 1만 4,323명에 이르며(통계청, 2009), 보호결정을 기준으로 2012년 2월까지 모두 23,350명이 북한으로부터 이탈하여 국내 입국을 완료한 것으로 나타난다.

남한에서 북한이탈주민들의 생활은 통일 후 남북한의 국민이 얼마나 잘 적응하여 살 수 있는가를 가늠해 볼 수 있는 잣대가 될 수 있으며, 그들의 적응문제는 당대뿐 아니라 자녀세대에서도 매우 중요한 문제가 된다. 따라서 그들의 사회 문화적 적응 및 지역사회 내에서의 갈등은 사회적 쟁점으로 대두되고 있다. 특히 북한주민의 대규모 이탈이 본격화된 1996년부터 1998년 사이의 주된 이탈 원인은 식량난으로 생계형이 대부분이었으나 2000년 이후에는 외부 정보의 획득과 자유, 희망에 대한 소망, 미래에 대한 꿈의 실현, 자녀에게 더 나은 교육기회를 제공하기 위함 등으로 점차 변화하였다(김홍운 · 김두정, 2007; 김계현 외, 2010). 이러한 변화를 통해 북한이탈주민은 남한 사회 적응 및 자녀들의 교육에도 노력해야 하는 매우 고달픈 현실에 놓여있음을 알 수 있고, 단순한 정착지원금 등의 금전적 지원 이외에도 자아실현이나 사회적 적응, 진로발달 등을 위한 상담이 필요함을 알 수 있다.

국내거주 외국인근로자는 1995년 7월 말 10만 명을 넘어선 이래로 2004년 발효된 외국인근로자 '고용허가제'에 의해 국내의 외국인력 고용이 합법화되면서 이에 힘입어 외국인력 고용 규모는 꾸준히 증가하여 2009년에는 50만 명을 넘어섰다. 집계되지 않은 불법체류 외국인근로자의 수까지 합산하면 55만 명이 넘을 것으로 추산된다(법무부, 2010). 앞으로도 저출산 · 고령화에 따른 노동인력 감소문제를 해소하고 안정적 경제성장을 이룩하기 위해서는 더 많은 외국인의 유입이 불가피한 상황에서 외국인근로자들 또한 한국 사회 적응에 어려움을 많이 겪고 있다. 여기에는 불법체류로 인한 불안한 생존문제, 임금갈등,

노사갈등, 근로복지의 열악함 등이 있으며 자녀교육 문제에 있어서도 많은 고민이 있는 것으로 나타났다.

마지막으로, 우리나라에 거주하는 외국인 유학생의 수는 2010년 3월을 기준으로 6만 8,158명에 이르며 이들의 출신국가는 중국, 몽골, 일본, 러시아, 방글라데시, 인도 등 매우 다양하다(법무부, 2010). 우리의 대학현실에서 해외 유학생 유치는 대학평가와 직결되며, 대학운영을 위한 신입생 확보방안으로도 매우 중요한 수단이 되고 있다. 즉, 해외 유학생의 유치는 국가적으로도 유학생을 통한 교육산업의 발전, 우수 인적자원의 확보, 자국에 우호적인 세계인사 양성의 교육의 국제화를 위해 매우 중요한 사업으로 대두되고 있는 것이며(한영옥, 2007), 이러한 이유로 국내 대학들은 외국인 유학생의 유치에 박차를 가하고 있고, 그 수는 날로 증가하고 있다.

그러나 외국인 유학생들은 종종 의사소통의 어려움이나 문화 차이로 인한 오해로 인해 한국의 학생들과 원만히 어울리지 못하고 한국 적응에 어려움을 겪는다. 이러한 유학생에 대한 상담 등의 심리적 서비스 제공은 단기적으로는 유학생의 적응을 도와 유학생 관리를 통한 대학의 긍정적인 명성을 확보하고 유지하는 데 큰 도움이 되며, 장기적으로 볼 때 국제적인 친선을 위해 유익하다고 볼 수 있다.

국내 다문화 현황을 종합해 보면, 한국에서는 도시에서의 저임금 노동자의 단기 거주가 다문화사회의 하나의 원인이며, 농촌에서의 결혼이민자가 다문화사회의 주된 원인(임형백, 2009)으로 볼 수 있으며, 한국 내 체류외국인은 매년 증가하는 추세이다.

통상 외국 태생 인구 비율이 5% 이상 되어야 다문화사회로 분류되므로 아직 2.3%에 머무는 한국의 외국 태생 인구 비율은 한국을 다문화사회로 분류하기에는 이르나, 우리 사회의 빠른 변화 속도로 미루어 보아 멀지 않은 미래임이 짐작 가능하다. 한마디로 사회는 계속해서 다양화될 것이라고 단언할 수 있다(Martiniello, 2002). 한국 사회는 그동안 단일민족이라는 개념 아래에 있었다. 그러나 인종과 민족 변인을 제외한다면 한국 사회 역시 성별, 연령, 사회경제적 지위, 출신지역, 성적 지향성 등과 같은 변인에 있어서의 다양성은 미국 사회 못지않게 다문화적인 요소가 산재되어 있다(강진령, 2003). 또한 위와 같이 인종과 민족이 다른 타 문화권의 인구는 급속히 한국 사회에 유입되는 추세이다.

이렇게 유입된 국제결혼 이주여성, 북한이탈주민, 외국인근로자, 외국인 유학생 등의 타 문화권 인구는 한국 사회의 적응에 있어서 여러 가지 다양한 어려움을 겪고 있다. 외국인 유입을 우려하는 국내의 시각도 있으나, 앞선 우려보다는 한국 사회의 적응을 위해 적절한 도움을 제공하는 것이 한국 사회와 국내거주 외국인 모두의 상생을 돕는 효과적인 길이라 하겠다. 이러한 상황에서 다문화와 다문화상담에 관한 논의가 이루어지는 것은 매우 중요하다 할 것이다.

2) 국내의 다문화상담 현황

국내의 다문화상담은 주로 사설 국제결혼 이주여성을 대상으로 이루어지고 있다. 국제결혼 이주여성의 안정적인 한국 사회 정착을 돕기 위해 보건복지부, 법무부, 여성가족부, 교육부, 농림축산식품부 등 정부의 각 부처에서 복지정책을 시행해 왔다. 특히 보건복지부는 전국에 119개의 다문화가족지원센터를 설치하여 그 운영을 지원하고 있고, 법무부 사회통합팀은 2008년 전국에서 20개 '다문화사회통합 주요 거점대학'을 선정하고 다문화가족 지원사업을 수행하고 있다. 교육부의 교육복지지원국은 국제결혼가정 및 외국인 근로자 자녀의 학교 적응을 돕기 위해 중앙다문화 교육센터를 설치하고 체계적인 조력방안을 모색하고 있다.

이 중에서 다문화가족지원센터는 2009년 이후 센터 내 상담의 전문성을 강화하기 위해 센터 종사자로 전문상담사 자격요건을 갖춘 자를 채용하여 결혼이민자와 그 가족들의 문제를 파악하고 심리·정서적 지원 및 정보제공 지원사업을 수행하도록 권고하고 있다(한재희, 2011).

사업운영 실적을 살펴보면 개인 가족상담 이용 인원이 2006년 4,108명, 2007년에는 6,702명, 2008년 27,818명, 2009년 19,720명, 2010년 27,771명으로 2009년을 제외하고는 매년 증가추세에 있는 것이 확인 가능하다. 양옥경 등(2007)의 연구에서 나타난 국제결혼 이주여성이 이용한 타 사회복지제도와 비교하여 보면, 연구대상자 중 8.5%가 상담(정신건강 상담, 가정폭력 상담, 가족상담 및 프로그램)을 경험한 적이 있으며, 이는 국적취득 관련 정보 제공 및 원조(8.9%)와 비슷하였다.

결혼이민자들과 그들의 가족이 타 문화권 속에서 적응하는 과정에서 경험하는 스트레스와 스트레스로 인한 결과 또는 위험에 대비할 수 있는 상담서비스에 대한 지원이 필요하다(강기정 외, 2010; 주은선 · 이현정, 2010)는 논의가 있어 왔고, 실제로 결혼이주여성과 남편들을 대상으로 한 서비스 수요 조사연구에서도 연구 대상자의 다수가 국제결혼생활을 하며 겪게 되는 어려움들을 극복하는 방안으로 상담이 필요하다고 답한 것으로 밝혀졌다(한국여성정책연구원, 2008). 이는 결혼이주여성과 그 가족 구성원 모두에게 있어 상담의 필요성이 큼을 반영한다.

북한이탈주민의 경우 한국에 입국하면 우선 국가정보원에서 조사과정을 거친 뒤 탈북자 정착교육시설인 '하나원'에 입소하여 한국 사회 적응을 위한 교육을 받는다. 교육과정을 마친 이후에는 북한이탈주민 지원재단에서 상담이용이 가능하였으며, 전국 16개 광역시도에서 약 100여 명의 전문상담사가 지역적응센터(하나센터) 및 관련 기관에 배치되어 활동하고 있다(북한이탈주민 지원재단 홈페이지). 이는 '북한이탈주민의 보호 및 정착지원에 관한 법률' 제22조의2(전문상담사제도 운영) 규정에 따라 운영되는 사업이다.

외국인근로자 대상 상담의 경우, 서울외국인근로자센터, 한국 외국인력지원센터 등의 기관에서 상담을 제공하나 대부분 심리상담이 아닌 이민이나 체류, 임금체불 등과 관련한 정보제공 차원의 상담을 의미하였다.

외국인 유학생의 경우 대학교 내에 설치된 상담소를 이용할 수 있으나, 다문화상담 전담인력이 배치된 곳이 거의 없어 한국어로 일정 수준 이상의 의사소통이 가능한 유학생만이 이용 가능한 실정이다. 학교 외 시설로는 국립국제교육원에서 외국인 유학생 상담센터를 운영하고 있는데, 외국인 학생들에게 한국유학 정보, 장학금, 학교, 입학시험, 한국생활 등을 상담함으로써 성공적인 한국유학생활을 할 수 있도록 도움을 주고 있었다. 여기서는 영어, 중국어, 베트남어, 몽골어로 서비스를 제공하고 있었으나, 상담학에서 정의하는 상담과는 그 내용이 거리가 있었다.

국내 주요 다문화 인구를 대상으로 이루어지는 다문화상담의 현황을 종합하여 살펴보면, 우선 다문화상담이 아직 충분히 정착되지 못하였음을 발견할 수 있다. 특히 가장 활발한 이용이 이루어지는 다문화가족지원센터의 경우에도 전문적인 상담업무를 시작한지 얼마 되지 않아 다문화상담의 기관 내 정착이 아직 온전하지 않을 수 있음을 예상해 볼 수 있다.

또한 강기정 · 이무영 · 강복정(2010)의 연구 결과, 다문화가족지원센터의 상담환경에 대한 인식에서 센터 내 인력배정 면에 있어서는 부익부 빈익빈을 경험하고 있음을 알 수 있었고, 또한 현재 업무에 대해서는 업무소진을 경험하고 있었다. 이를 통해 다문화상담자들의 어려움을 예상해 보는 것이 가능하며, 다문화상담의 정착을 위하여 상담자들이 겪는 다양한 어려움을 확인하는 시도가 필요하다.

4. 내담자의 문화현상

흔히 '심리상담'이라는 용어는 심리적인 고통이나 부적응을 경험하고 있는 내담자들을 상담자가 협력적인 상호작용을 통해 도와주고자 하는 행동을 일컫는다. 오늘날 심리상담 분야에 많은 영향을 미치고 있는 대표적인 이론들로 정신분석, 인지행동주의 그리고 실존주의를 꼽을 수 있다. 정신분석 상담자는 내담자의 현재 조건과 미래를 이해하기 위하여 과거에 초점을 맞추어 접근한다. 실존적 상담자는 내담자의 세계를 이해하기 위해 노력하면서 내담자가 스스로 창조적이고 긍정적인 방향을 발견할 수 있도록 도와준다. 그리고 인지행동적 상담자는 내담자의 생각에 중점을 두면서 자기 패배적인 생각들을 변화시켜 정서적 행동적 변화를 유도한다. 이 상담이론들은 기본적으로 합리성과 주체성을 강조하는 서구의 개인주의적 전통과 과학적 분석태도에 많은 영향을 받았다고 할 수 있다. 이런 이론들이 상담분야에서 널리 통용되고 있음에도 불구하고 다문화사회에서 주류문화에 속하지 않는 소수집단의 내담자의 특수한 경험과 삶을 이해하는 데 한계가 있다. 왜냐하면 민족이나 국가에 따라 토속적(indigenous) 방식의 상담이나 치료들이 아직도 영향력을 행사하고 있고, 내담자 역시 이런 상담이나 치료방식에 익숙해 있기 때문이다. 서구적 관점으로 본다면 토속적 상담이론은 분명 "원시적이고 세련되지 않고 미신적이며 비과학적으로 보일" 뿐만 아니라, 경우에 따라서 내담자에게 피해를 줄 수 있는 상담방식이라고 비판을 받을 수 있다. 그럼에도 불구하고 주술사나 무속인 등이 상담자나 심리치료자로서 일정 부분 영향력을 행사하고 있는 현 상황을 고려한다면 토속적 방식은 상담이나 심리치료에서 주목해야 할 중요한 문화적 요소라 할 수 있다.

토속적 방식을 통해서 어느 정도 효과를 볼 수 있는 근본적인 이유는 공동체 안에 오랫동안 전승되어 온 '일반적 무속 전통'(universal shamanic tradition)의 원리인 "도움을 필요로 하는 사람이 치료자의 힘을 믿는다"는 사실에 근거하기 때문이다. 넓은 의미로 종교적 공동체에서 심리적 고통을 치료하기 위해 영적인 힘을 부르는 기도를 하거나 예배를 드리는 방식도 무속 전통의 예로 포함시킬 수 있다. 이와 같은 영적이고 종교적인 태도는 과학이나 학문 이전의 근원적인 경험세계, 즉 생활세계에 뿌리내리고 있다. 내담자의 심리적 고통이나 이상행동을 이해하고 치료하기 위해서는 내담자 경험의 통일적인 의미토대라 할 수 있는 생활세계에 대한 이해가 수반되어야 하고 이 세계와 밀접한 연관이 있는 문화현상에 대한 천착도 필요하다. 문화현상은 현상학적 표현을 사용하면, 일종의 '역사적인 현전화(historische Vergegenwärtigung)'로서 이는 과거로부터 현재로 전승되는 인류의 유산으로 총체적인 구조를 통해 해명되어야 한다. 왜냐하면 내담자는 과거로부터 전승된 문화현상을 역사적으로 경험하였고 이 경험이 현재의 정신적 고통이나 행동에 직간접적으로 관여하고 있기 때문이다. 이처럼 문화가 생활세계의 중요한 구성요소로서 작용하고 있는 한 다문화사회에서의 상담과 심리치료는 문화현상에 주목하는 이론을 필요로 하게 된다. 이런 필요에 따라 태동한 이론 중 하나가 다문화상담이론이라 할 수 있다.

다문화상담이론은 역사적으로 보면 1960년대 유럽과 미국 등지에서 전개된 인권운동과 그 맥을 함께하고 있다. 당시 미국 사회에서 차별을 받고 있었던 소수 인종들에 대한 관심을 표방했던 심리학자와 상담자들이 소규모 모임을 통해 횡문화적(cross-cultural) 차이를 주목하면서 다문화상담이론을 개발 발전시키게 된다.

다문화상담이론의 기저에 놓여 있는 가정이나 동기들은 기본적으로 다문화주의 개념과 밀접하게 연관되어 있다. 다문화주의의 특성을 보편적(universal)이고 언제 어디서나 존재하고(ubiquitous) 인간학적이고(anthropological) 인종에 기초하며(race-based) 범민족적(pan-national)이라고 정의할 수 있다. 개념상 다문화주의와 밀접하게 연관된 다문화상담이론은 내담자의 문화적 환경에 대한 이해를 통해 상담의 효과를 높일 수 있다는 확신으로부터 출발하게 된다. 왜냐하면 인간의 행동이 문화적으로 학습되어 나타나므로 문화적 맥락에서 인간의 행동을 이해하고 통제할 필요가 있기 때문이다.

다문화상담이론에서 문화 개념이 다의적으로 사용되고 있지만 "차별을 경험하는 많은 집단을 설명하기 위한 개념적인 어려움 때문"에 이를 가장 유사하게 표현하고 있는 다양성(diversity)으로 이해하고 있다.

다양성의 관점에서 다문화상담이론은 현대 상담이론들이 지니는 한계를 다음과 같이 지적한다. 첫째, 현대 상담이론들이 비유럽문화에서도 통용될 수 있을 것이라는 인식론적인 가정을 전제하고 있다. 예를 들면, 서구적인 시각으로 본다면 우주는 인과관계를 통하여 움직이기에 이를 객관적으로 파악할 수 있다고 확신한다. 하지만 우주와 인간의 관계를 엄격하게 분리할 수 없는 동양적 사고에서는 객관성이나 개체성보다는 주관성이나 관계성이 더욱 강조된다. 둘째, 기존의 상담이론들은 상담문제들이 복잡해지면 그 한계를 드러내게 된다는 점이다. 왜냐하면 전통적인 과학적 방법은 연구주제의 범위를 축소하고 질문을 '참' 또는 '거짓'처럼 유형화함으로써 정밀성(precision)이나 실효성(operationalization)을 높이기 때문이다. 이런 한계는 무엇보다 문화를 고려하지 않은 채 상담이론을 내담자에게 동일하게 적용할 수 있고 과학적으로 관찰 가능하다는 환원주의적 태도로부터 기인한다. 특히 대표적인 현대 상담이론이라 할 수 있는 정신분석, 행동주의, 그리고 인본주의 상담이론들이 서구적인 사고나 가치, 생활습관 등에 기초하고 있기 때문에 아시아나 아프리카 등과 같은 다른 문화권 사람들에게 이 이론들을 그대로 적용하는 데 무리가 있다. 특히 자율성이나 자존감을 중시하는 개인주의를 강조하는 점은 '지위, 인정, 성취를 위한 개인의 능력'에 대한 관심으로 해석할 수 있다. 개인주의적 관점에 초점을 맞추는 상담자에게 있어서 공동체나 집단을 중요시하는 문화권 출신의 내담자는 비주체적이고 무책임하고 의존적인 성격을 지닌 사람으로 판단될 수 있다. 노블(W. Nobles)의 표현을 빌리면 이런 서구적 상담이론은 '과학적 식민주의의 형식'에 의존한 것으로 서양 문명이 다른 문명, 예를 들면 아프리카 문명으로부터 영향을 받았다는 역사적 사실을 무시하는 태도라 할 수 있다.

'자기'(self)나 개체에 초점을 맞추는 개인주의에 근거한 상담이론들을 공동체나 집단을 강조하는 다른 문화권의 내담자들에게 적용하는 데에는 분명 한계가 있다. "타인과 환경에 대한 분리와 대립의 감정으로 정의"할 수 있는 서양의 개인주의는 개인과 개인, 개인과 집단 그리고 인간과 자연을 분리하는 가치관을 형성하게 된다. 이와는 달리 아시아나 아프리카에서는 개인보다 집단을 강조하고 인간에 초점을 맞추기보다 인간과 자연의 조화를 추구하는 자연관이 지배한다. 예를 들면, 영적인 요소나 생명력에 의해 "우주의 만물이 상호 연결되어 있다"는 '아프리카 중심적 세계관'(The African-centered world view)은 "개인적인 업적과 성취보다 집단적인 생존을 지향"한다는 고대 아프리카의 전체적 사고로부터 유래하게 된다. 이 세계관은 개인의 업적이나 경쟁력보다 개인들, 혹은 개인과 집단의 조화와 협력을 강조한다. 집단보다 개인의 가치를 소중히 여기는 서양의 개인주의적 관점에 따르면 우리는 '나'라는 진술을 하면서 자신을 위한 일에 초점을 맞추는데 익숙하다. 이런 가치관은 가족이나 공동체를 중시하는 아시아나 아프리카의 문화적 특성과 충돌할 수 있다. 왜냐하면 이들에게 있어서 '자기'라는 개념은 본질적으로 개체가 아닌 집합으로, 관계 속에서만 진정한 의미를 담보하기 때문이다. 이 경우에 상담자가 내담자 개인이나 '자기'가 아닌 '관계 속에서의 자기(self-in-relation)'나 가족과 문화라는 맥락에서 상담을 행할 때 그 효과를 높일 수 있다. 이런 관점은 개인보다 집단이나 공동체를 중시 여기는 아시아 문화권의 내담자를 상담하는 데 있어서도 동일하게 적용된다.

다문화상담이론은 기존의 상담이론들이 소수 인종이나 민족을 비판적으로 묘사하고 있다는 점에 비판적으로 주목한다. 예를 들면, 소수 인종이나 민족에게 '올바른' 문화가 부족하다거나 유럽-미국 문화가 다른 문화보다 더 바람직하다는 문화우월적인 태도는 소수 집단의 행동이나 삶을 이해하는 데 장애가 된다. 왜냐하면 상담을 한다는 것은 근본적으로 내담자의 삶을 이해하는 과정인데 내담자 개인의 삶은 공동체적인 문화와 긴밀하게 관계하고 있기 때문이다. 그러므로 상담의 효과를 높이기 위해서는 상담자나 심리치료자가 은연중에 지니고 있는 이질적 문화에 대한 편견을 없애야 한다. 상담을 진행하는 동안 상담자가 지니고 있는 우월적 지위는 이질적 문화에 대한 부정적 시각을 쉽게 고착시킬 수 있고 이는 궁극적으로 상담이나 치료에 부정적 영향을 미치게 된다. 상담자나 심리치료자가 문화적 편견이나 고정관념을 인식하고 이를 배제하기 위해서는 방법론적으로 현상학적 판단중지가 필요하고 이런 점에서 다문화상담이론과 현상학의 연결고리를 찾을 수 있다. 상담자가 이질적 문화에 대한 지식을 단순히 습득하는 것이 아닌 내담자의 경험세계를 있는 그대로 어떻게 드러낼 수 있는가 하는 물음은 현상학적 방법론과의 연관 속에서 그 해답을 찾을 수 있다. 왜냐하면 상담자들은 "내담자의 말을 경청해야 하고 그들이 지각하는 세계로 들어가야 하기" 때문이고 이 과정은 상담자가 "최선이라 생각하는 것에 의해서가 아니라 내담자의 특정 목표와 가치에 의해 진행되어야 하기" 때문이다.

참/고/문/헌

강승호(2008). 다문화사회지원과정 : 상담 및 사례관리기법. 경기도인재개발원.

강기정·이무영·강복정(2010). 다문화가족지원센터 종사자의 다문화 가족상담에 대한 인식과 경험에 관한 연구 : 포커스 그룹 인터뷰를 중심으로. 한국가족자원경영학회 학술대회논문집.

강복정(2012). 한국의 다문화가족정책 및 서비스의 현황분석. 다문화사회연구, 제5권 제1호.

강진령(2003). 학교상담 : 21세기의 학생생활지도. 양서원.

김계현 외(2010). 학교상담과 생활지도. 학지사.

김홍운·김두정(2007). 한국 사회의 다문화 현상과 교육적 과제. 인문학연구, 제34권 제3호.

양옥경 외(2007). 가족복지의 정책과 실천. 공동체.

위주원(2013). 다문화상담자가 지각하는 어려움과 극복방안에 대한 개념도 연구. 숙명여자대학교 대학원 석사학위논문.

임형백(2009). 한국과 서구의 다문화사회의 차이와 정책 비교. 다문화사회연구, 제2권 제1호.

주은선·이현정(2010). 결혼이주여성 대상 다문화상담 관련 종사자들의 현장 경험에 대한 질적 연구. 한국심리학회지 일반, 제29권 제4호.

한영옥(2007). 재미 한인 청소년의 비행행동과 관련된 위험요인과 보호요인에 관한 연구. 청소년학연구, 제14권 제2호.

한재희(2011). 한국적 다문화상담. 학지사.

한정애(2009). 다문화가정 초등학생의 학교적응과정 분석. 경성대학교 대학원 박사학위논문.

Chapter

07

다문화가족의 상담적 접근

| Chapter 7 | 다문화가족의 상담적 접근

1. 다문화가족 부부상담

1) 필요성

다문화가족 부부들이 서로 적응하는 과정에서 겪게 되는 사회·심리적 문제를 공감하고 다문화가족 부부에 대한 상담 인력 지원을 통해 다문화가족 부부의 문제 해결을 도와줌으로써 안정된 가정생활을 이룰 수 있게 하는 적극적인 개입이 필요하다.

현재 다문화가족 배우자를 위해 시행되고 있는 지원은 교육이나 언어습득, 기술훈련, 교양 강좌, 직업훈련의 성격을 띤 서비스에 집중되어 있다. 다문화가족이 안정된 삶을 이루도록 하는 과정에서 겪게 되는 부부갈등의 위기 상황에 대한 지원으로 심리적 상담 및 치료가 반드시 포함되어야 한다. 특히 다문화가족의 핵심이 되는 부부를 위한 정서적 지지를 위한 상담의 역할은 매우 필요하다.

다양한 현상으로 나타나는 갈등의 본질은 심리적 요인이 많은 부분을 차지하므로, 인간의 심리를 긍정적으로 변화시키는 심리적 상담은 현장에서 절대적으로 필요하다.

본 프로그램은 이주나 국제결혼으로 부부가 되어 적응과정에 있는 다문화가족을 현장에서 직접 담당하는 상담자를 위하여 고안되었다.

이들이 다문화 부부의 다양한 문제에 개입하여 바람직한 결과를 이끌어낼 수 있도록 상담의 이론과 구체적인 접근의 실제를 익히는 과정이 매우 필요하다 할 수 있다.

2) 목 표

상담을 통하여 다문화가족의 핵심이 되는 부부가 상담을 통하여 서로에 대한 이해를 증진시키고, 자기감정을 다루는 방법과 자기표현능력을 향상하게 지원함으로써 원만한 가족관계의 중심적 역할을 할 수 있도록 돕는다.

서로 다른 문화 속에서 결합된 다문화가족 부부간의 적절한 의사소통 방법을 안내하고 바람직한 갈등해결 방법을 터득하여 안정된 가정생활을 하도록 도와줌으로써 상담사의 역할을 다하도록 하여야 한다.

3) 프로그램 구분 및 참여대상

(1) 프로그램 구분

① 일반 프로그램

일반 프로그램의 수준은 부부상담의 기본적인 이론 중심으로 구성되어 있으며 일반적인 사례를 통한 상담 및 계획하는 과정을 다루고 있다.

현장 경력이 적은 상담종사자들을 위해 상담상황에서 경험하게 되는 어려움들을 이해하고 지도하는 구체적인 상담 접근 방안들을 제시하는 형태로 이루어져 있다.

〈표 7-1〉 다문화 부부상담 프로그램(일반)

회 기	주 제	내 용
1	다문화 부부상담의 이해	- 상담자의 윤리와 기본 자세 - 기본적 부부갈등 개념과 영역 - 기능적 부부와 역기능적 부부 - 다문화 부부의 갈등요인
2	다문화 부부상담을 위한 이론적 배경	- 부부 행동치료이론과 상담기법 - 대상관계이론과 상담기법
3	다문화 부부상담을 위한 진단과 상담과정	- MBTI로 보는 부부의 성격유형 진단 - 일반사례를 통한 상담과정 이해하기

② 심화 프로그램

심화 프로그램의 수준은 부부상담의 이론적 배경을 통해 진단하는 방법과 여러 유형의 실제 사례를 상담기법별로 분석하며 슈퍼비전을 제공한다.

현장 경력이 많은 상담종사자들을 대상으로 상담의 질을 향상시킬 수 있는 구체적인 방법을 익히도록 하였으며 실제적인 사례에 대한 슈퍼비전을 통해 상담사례를 공유하고 이해하도록 되어 있다.

〈표 7-2〉 다문화 부부상담 프로그램(심화)

회 기	주 제	내 용
1	다문화 부부상담을 위한 진단	- 다문화가족의 부부 요인에서의 갈등사례 - 부부 MIM 방법으로 진단하기
2	다문화 부부를 위한 상담의 실제 Ⅰ	- 다문화가족의 부부 요인에서의 갈등사례 - 분석하고 상담으로 접근하기 - 슈퍼비전 실시 : 인지 행동 이론적 개입
3	다문화 부부를 위한 상담의 실제 Ⅱ	- 다문화가족의 부부 요인에서의 갈등사례 - 분석하고 상담으로 접근하기 - 슈퍼비전 실시 : 대상관계 이론적 개입

(2) 참여대상

① 일반 프로그램

- 다문화가족지원센터 상담업무 종사자
- 상담업무를 수행하고 있으나 비전공 학과 또는 심리 상담에 관한 과목을 이수하지 못한 종사자
- 다문화가족 상담업무 경력이 2년 미만인 종사자

② 심화 프로그램

- 다문화가족지원센터 상담업무 종사자로서 일반 프로그램 이수 후 1년 이상 현장경력이 있는 종사자
- 대학이나 대학원에서 상담 및 심리치료를 전공하였거나 관련 과목을 이수한 종사자

- 다문화가족 상담업무 경력이 2년 이상인 종사자

4) 기대효과

다문화가족 부부들이 상담을 통해 정서적 어려움을 극복하고, 서로를 이해하여 수용하며, 이를 바탕으로 자녀와의 바람직한 관계형성을 통해 행복한 가정생활을 이루도록 함으로써 삶에 대한 분명한 목표의식과 희망을 갖게 된다.

다문화가족 부부들에게 도움을 제공하는 기관의 종사자들에 대한 재교육을 통해 상담으로 인한 효과를 거둘 수 있다.

사회·심리적인 문제를 가진 다문화가족 부부에 대해 구체적이며 실제적인 상담을 실시하여 도움을 줌으로 상담사의 역할을 수행하게 된다.

5) 프로그램 세부내용

(1) 일반 프로그램

① 1회기 : **다문화 부부상담의 이해**

■ 목표

상담자의 윤리와 자질에 대한 이해를 통해 상담자가 스스로 돌아볼 수 있는 기회를 제공함으로 현장에서 바람직한 상담이 이루어지도록 한다.

다문화가족구성에서 핵심이 되는 부부의 특성을 인식하며 갈등의 개념과 요인 등을 살펴보고 상담의 기준이 되게 한다.

■ 강의(100분)

본 프로그램의 전체적인 진행에 대한 설명을 함으로써 이 프로그램에서 경험하며 익히게 될 내용에 대해 기대를 갖게 한다.

프로그램과 관련된 질문을 받는다.

※ 상담자의 윤리와 자질

- 상담 상황에서 상담자의 태도는 상담에 관한 지식과 기법 못지않게 매우 중요한 요인이 된다.
- 상담자는 내담자와의 촉진적 관계를 형성하고 유지할 수 있어야 한다.
- 상담자는 윤리(ethics)적이며 성숙한 인격을 갖추어야 한다(김유숙, 2009).
- 상담자의 자질(qualification)은 공감능력과 수용, 진실성이 있어야 한다(송정애, 2009).
- 다문화상담자의 역량(capability)은 자신의 문화적 인식과 내담자에 대한 존중을 포함한다(Sue, Arredono, & McDavis, 1992).

※ 기본적 부부갈등 개념과 영역

- 부부갈등은 성장배경과 개인적 특성이 상이함에 따라 자연적으로 갈등상황에 빠지게 된다.
- 부부갈등 영역을 살펴보면 개인적 갈등영역, 부부 관계적 갈등영역, 공동생활 갈등영역, 제삼자 갈등영역으로 구분하고 있다(안혜옥, 2007).

※ 기능적 부부, 역기능적 부부(문제해결 유형)

- 기능적인 부부는 서로를 수용하며 감정이 일치된다(최성애, 2010).
- 역기능적인 부부는 부정적이며 독이 되는 대화를 한다.

※ 다문화 부부의 갈등

* 다문화가족 부부는 서로 다른 문화권에서 성장함으로 개인적 가치관의 차이 및 문화적 갈등이 역기능의 요인이 된다.

■ 활동(60분)

- 참가자는 부부의 역할을 경험할 수 있도록 두 명씩 짝을 이루어 앉도록 한다.
- 사례 동영상을 관람함으로 이해를 돕는다.
- 동영상을 기준으로 Role Play를 한다.

- 토론을 통하여 부부의 문제와 갈등 요인을 찾아낸다.

■ 종결(20분)

각자의 소감을 참여자들과 나누며 공유하고 현장에서의 적용에 대해 토론한다.

■ 준비물

- 강의자료, 유인물, 빔 프로젝트, 필기도구

② 2회기 : 다문화 부부상담을 위한 이론적 배경

■ 목표

다문화가족 부부들이 상담을 통해 문제와 갈등상황이 해결되는 긍정적인 변화를 이끌어내는 상담이 되도록 이론적 배경을 근거로 하여 적절한 적용 기법을 익힘으로써 상담의 효과를 높일 수 있게 한다.

■ 강의(60분)

● 부부 행동치료이론

- 행동치료는 학습의 원리를 인간행동 변화의 과제에 적용시킨 것이다(Lynn L, Long. Mark E, Young, 2009).
- 의사소통 훈련 또는 자기주장과 같은 새로운 기술을 가르친다.
- 개인적인 파괴적인 사고유형을 변경시키기 위해 인지치료를 활용한다.

● 부부 행동치료기법

- 부부간 의사소통을 살펴보면 관계의 질을 측정할 수 있으며 이는 치료의 핵심이 된다.
- 부부의 대화 속에서 관계를 힘들게 하는 대표적 요소를 찾아보고 긍정적인 대화하기를 적용해 본다(최성애, 2010).
- 인지의 변화를 일으킴으로써 부부 사이에 이해를 돕는다.
- 배우자에 대한 수용의 폭을 늘림으로 문제를 다시 점검한다.

- 해결 가능한 문제는 서로의 노력으로 풀어간다.
- 영속적이며 풀리지 않는 부부문제는 함께 다스리도록 한다.

● 부부상담의 대상관계 이론적 접근

- 투사적 동일시 개념을 근원으로 하여 가족사를 중요시하며, 양육자와의 초기경험에 구심점이 있다는 신념을 지니고 부부간에 일어나는 투사적 상호작용에 초점을 둔다.
- 자아 표상을 탐색한다.
- 모순된 대상을 분리하는 심리적 기제를 사용한다.

■ 활동(50분)

- 관심의 메모를 다양한 항목으로 작성하는 방법을 익힌다.
- 상대방의 장점 30가지를 구체적으로 적어본다.
- 2명씩 짝을 지어 부부 싸움을 재연한다.
- 부부싸움의 내용으로 진단하는 활동을 한다.
- 원부모의 관계와 현재 관계의 가계도를 그려본다.

■ 종결(20분)

각자의 소감을 참여자들과 나누며 공유하고 현장에서의 적용에 대해 토론한다.

■ 준비물

강의자료, 유인물, 빔 프로젝트, 필기도구

■ 목표

다문화가족 구성에서 핵심이 되는 부부의 특성을 인식하며 각 유형의 성격 등을 통해 서로 다름을 느껴보고 부부갈등 문제의 진단과 상담과정을 익히도록 한다.

■ 강의 및 활동(160분)

- 다문화가족 부부상담에서의 진단을 위한 사정기법은 유용한 정보와 측정도구를 조합하여 사용한다.

- 진단과정에서 발견되는 위급한 사례는 내담자의 안전을 위하여 즉시 전문가나 전문 관계기관으로 신속하게 연결해야 한다.

● MBTI로 진단하기(80분)

- MBTI는 스트레스가 낮은 수준에서 중간 정도의 수준에 속하는 부부에게 사용하는 것이 좋다.
- 부부가 MBTI를 검사하는 이유를 이해하는지를 확인하고 차이점을 수용하기 위함을 인식하도록 한다.
- MBTI의 개념, 선호의 개념, 주요 용어의 의미를 설명한다.
- MBTI의 유형은 다음의 요소가 조합된 16가지 유형으로 나타난다.
- MBTI 진단지를 사용해 상담자 스스로의 성격을 진단해 보고 적용할 수 있도록 한다.
- 각 유형별 성격의 특성을 일상생활의 예를 들어 설명한다.

● 상담과정 이해하기(80분)

- 초기단계에서는 기초 조사를 통해 문제를 규정짓고 치료목표를 설정한다.
- 중기단계에서는 각각의 상담기법을 적용하며 상담을 이끌어 간다.
- 종결단계는 치료목표가 이루어졌을 때가 기준이 된다.
- 활동을 통해 결혼 만족도 진단지 작성법을 익혀 활용을 돕는다.

■ 종결(20분)

각 그룹별로 정리하여 회기 활동에 대한 소감을 발표한다.

■ 준비물

강의자료, 유인물, 빔 프로젝트, 필기도구, MBTI 진단지

(2) 심화 프로그램

① 1회기 : 다문화 부부상담을 위한 진단

■ 목표

다문화가족 부부들의 갈등과 문제를 진단해내는 방법을 익힘으로써

보다 적절하고 성공적인 상담을 할 수 있도록 한다.

■ 강의 및 활동(150분)

- 심화과정이므로 보다 세밀한 문제 사정에 들어간다.
- 조밀한 척도를 선별하여 사용한다.
- 형식적 사정도구와 비형식적 사정을 실시한다.

◉ MMIM 적용(Munns, 2006)

- MMIM는 다양한 관계 양상을 측정하기 위해 구조화된 방법으로 발전된 기법이다.
- MMIM의 활동은 평상시 부부간에 일어나는 장면으로 구성된다.
- 미리 준비된 부부 MMIM 사례1을 동영상으로 보여준다.
- 미리 준비된 부부 MMIM 사례2를 동영상으로 보며 각자 스스로 분석해 진단하는 과정을 진행한다.

◉ 비형식적 진단도구 적용하기

- 부부의 신화를 통해 신념을 진단할 수 있다.
- 부부의 공동과제 수행 과정을 측정한다.
- 가족사진을 선택하는 기준으로 진단할 수 있다.
- 부부의 이미지를 표현하는 과정에서 정보를 얻는다.
- 실제 활동으로는 가족사진 선택하기를 기준으로 진단하기를 실행한다.

■ 준비물

강의자료, 유인물, 빔 프로젝트, 필기도구, MMIM 사례 동영상, 가족사진 2장

■ 종결(20분)

각 그룹별로 정리하여 회기 활동에 대한 소감을 발표한다.

② 2회기 : 다문화 부부를 위한 상담의 실제 I (인지 행동 치료적 상담 개입)

■ 목표

- 사례를 통해 다문화가족 내의 부부 간의 갈등을 파악하고 인간관계의 구조와 패턴을 이해하며 상담으로 접근하여 풀어가는 구체적 방법을 익힌다.
- 다문화가족 부부상담 현장에서 겪고 있는 실제 상담사례들을 공유하고 진단과정과 슈퍼비전을 통해 상담의 적절함과 효과를 높인다.

■ 슈퍼비전(150분)

● 슈퍼비전의 준비과정

- 슈퍼비전을 하는 주제는 다문화가족 부부간에 많이 발생하는 경제적 갈등사례 상담으로 접근한다.
- 현장 상담에서의 사례를 미리 수집하여 분석하고 강의 시 참여자에게 배부할 수 있도록 예시문을 작성하고 준비해야 한다.

● 슈퍼비전의 구체적 내용

- 슈퍼비전의 내용은 핵심요인을 분석하고 치료목표와 상담방향이 일치하도록 한다.
- 경제적 문제로 인해 갈등을 일으키는 요인의 구체적인 핵심항목을 분석한다.
- 갈등을 일으키는 요인에 따른 부부간의 의사소통을 분석한다.
- 갈등을 일으키는 요인에 따른 부부간의 신뢰감 정도를 분석한다.
- 구체적인 항목으로 기대하는 결과에 대한 의견을 모아 장기적인 목표를 설정한다.
- 상담을 통해 단기적으로 변화될 수 있는 목표를 설정한다.
- 인지 행동 치료적 상담은 학습과 강화, 신념의 변화를 통해 개입한다.

● 슈퍼비전 활동

- 사전에 유인물이나 동영상으로 준비된 세 가지 사례 정도를 현장에서 상담한 담당자가 발표하도록 한다.
- 사례에 따른 슈퍼비전을 준비한다.

■ 종결(30분)

참여한 상담자들의 질의응답, 소감을 발표한다.

■ 준비물

빔 프로젝트, 필기도구, 사례별 동영상 자료나 유인물

③ 3회기 : **다문화 부부를 위한 상담의 실제 Ⅱ**(대상관계 이론적 상담 개입)

■ 목표

- 사례를 통해 다문화가족 내의 부부간의 갈등을 파악하고 인간관계의 구조와 패턴을 이해하여 상담으로 접근하는 구체적 방법을 익힌다.
- 다문화가족 부부상담 현장에서 겪고 있는 실제 상담사례들을 공유하고 진단과정과 슈퍼비전을 통해 상담의 적절함과 효과를 높인다.

■ 슈퍼비전(150분)

◉ 슈퍼비전의 준비과정

- 슈퍼비전을 하는 주제는 다문화가족 부부간에 많이 발생하는 정서적 갈등사례 상담으로 접근한다.
- 현장상담에서의 사례를 미리 수집하여 분석하고 강의 시 참여자에게 배부할 수 있도록 예시문을 작성하고 준비해야 한다.

◉ 슈퍼비전의 구체적 내용(예 : 원만치 못한 부부 관계 갈등 사례)

- 슈퍼비전의 내용은 핵심요인을 분석하고 치료목표와 상담방향이 일치하도록 한다.
- 정서적 문제로 인해 갈등을 일으키는 요인의 구체적인 핵심항목을 분석한다.
- 갈등을 일으키는 요인에 따른 부부간의 정서적 교류를 분석한다.
- 갈등을 일으키는 요인에 따른 부부간의 정서적 유대감 정도를 분석한다.
- 장기적 상담 목표는 모성적 환경 재구성과 감정이입을 통한 지속적인 환경 유지에 둔다.

- 상담을 통해 단기적으로 변화될 수 있도록 과거 탐색을 통한 통찰을 목표로 설정한다.
- 대상관계 이론적 상담은 대상 표상(image)과 투사적 동일시로 개입한다.

● 슈퍼비전 활동

- 사전에 유인물이나 동영상으로 준비된 세 가지 사례 정도를 현장에서 상담한 담당자가 발표하도록 한다.
- 사례에 따른 슈퍼비전을 준비한다.

■ 종결(30분)

참여한 상담자들의 질의응답, 소감을 발표한다.

■ 준비물

빔 프로젝트, 필기도구, 사례별 동영상 자료나 유인물

2. 다문화가족 자녀상담

1) 필요성

다문화가족 자녀에 대해 전문상담을 실시할 수 있는 인력을 지원함으로써 다문화가족의 자녀들이 가질 수 있는 문화적 격차로 인한 부적응, 또래 친구와의 심리적 갈등, 집단 따돌림의 경험들에서 오는 내면화된 어려움과 외현화된 행동적 부적응 문제들에 대한 심도 있는 접근을 할 수 있도록 한다.

현재 시행되고 있는 다문화가족 자녀들을 위한 지원은 교육이나 언어습득의 성격을 띤 서비스에 집중되어 있으나 심리적인 지원과 전문적인 상담 및 치료도 반드시 포함되어야 하며, 특히 다문화가족의 자녀들을 위한 심리·정서적 개입은 반드시 필요하다.

본 프로그램은 다문화가족 자녀들을 직접 상담하는 현장의 상담자를 위하여 고안되었다. 이들에게 다문화가족의 자녀 문제에 개입하여 원만한 해결을 도울 수 있는 상담이론과 구체적인 접근의 실체를 경험할 수 있는 과정이 필요하다.

2) 목 표

다문화가족 자녀들이 일상에서 부딪힐 수 있는 여러 가지 심리·정서적인 부분의 어려움에 대해 살펴보고 이러한 어려움들을 상담을 통해 해결하고 나아가 예방할 수 있는 방안에 대해 알아봄으로써 다문화가족의 자녀들이 건강한 자아를 형성하면서 자랄 수 있도록 한다.

다문화가족 자녀들에게 도움을 제공하는 국방부 직할부대 및 기관의 종사자들에 대한 재교육을 통해 다문화가족 자녀들에 대한 구체적이며 실제적인 상담을 실시하는 데 도움이 되고자 한다.

3) 프로그램 구분 및 참여대상

(1) 프로그램 구분

① 일반 프로그램

일반 프로그램의 수준은 현장 경력이 적은 상담종사자들을 위해 다문화가족 자녀들이 처해 있는 상황과 심리적인 어려움은 어떤 것들이 있는지 알아보고 그러한 어려움들을 이해하고 지도하는 데 있어서 구체적인 상담 접근 방안들을 제시하는 형태로 이루어져 있다.

〈표 7-3〉 다문화 자녀상담 프로그램(일반)

회 기	주 제	내 용
1	다문화 자녀들의 심리·정서발달의 이해 및 상담담당자의 윤리와 역량	다문화가족 자녀상담자의 윤리와 역량 다문화가족 자녀들이 일상에서 느끼는 심리·정서적 어려움 다문화자녀들이 어려움을 보이는 심리 정서 영역의 발달
2	다문화 자녀들의 심리적인 어려움에 대한 진단 및 대처방안 (1)	내면화된 심리적 어려움에 대한 진단 및 대처방안 (1) : 우울 내면화된 심리적 어려움에 대한 진단 및 대처방안 (2) : 불안
3	다문화 자녀들의 심리적인 어려움에 대한 진단 및 대처방안 (2)	외현화된 심리적 어려움에 대한 진단 및 대처방안 (1) : 산만함 외현화된 심리적 어려움에 대한 진단 및 대처방안 (2) : 공격성
4	다문화 자녀들을 위한 상담의 과정	아동상담의 대화 기법 실제 상담 기록지 작성해 보기
5	다문화 자녀들을 위한 집단상담	영유아 자녀를 위한 집단 프로그램 학령기 자녀를 위한 집단 프로그램 청소년기 자녀를 위한 집단 프로그램
6	다문화가족의 부모상담	부모-자녀관계에서 발생하는 갈등의 원인, 발생, 결과 구체적 갈등상황 점검 및 해결 전략의 습득

② 심화 프로그램

심화 프로그램의 수준은 현장 경력이 많은 상담종사자들을 대상으로 다문화가족 자녀와 부모관계를 향상시킬 수 있는 구체적인 방법을 익히도록 하였으며 실제적인 사례에 대한 슈퍼비전을 통해 상담을 공유하고 이해하도록 되어 있다.

〈표 7-4〉 다문화 자녀상담 프로그램(심화)

회 기	주 제	내 용
1	다문화 자녀상담 담당자의 자기성장 및 부모상담의 실제	- 다문화가족 자녀상담 담당자의 자기 성장 - 애착의 중요성 - 관계 증진을 위한 모래놀이상자를 도입한 상담
2	불안 및 우울감이 높은 다문화 자녀상담의 실제	- 자녀 중 과도한 불안감을 느끼고 사회성이 부족한 초등학교 1학년 남아의 사례 ·분석하고 상담으로 접근하기 ·슈퍼비전 실시 - 현장상담사례 슈퍼비전 실시
3	산만하고 공격적인 행동을 보이는 자녀상담의 실제	- 다문화가족의 자녀 중 모(母)와의 관계에서 의존적이면서도 공격적인 행동을 보이고 산만하고 집중력이 떨어지며 친구를 잘 사귀지 못하는 초등학교 5학년 남아의 사례 ·분석하고 상담으로 접근하기 ·슈퍼비전 실시 - 현장상담사례 슈퍼비전 실시

(2) 참여대상

① 일반 프로그램

- 다문화가족지원센터 상담업무 종사자
- 상담업무를 수행하고 있으나 비전공 학과 또는 심리 상담에 관한 과목을 이수하지 못한 종사자
- 다문화가족 상담업무 경력이 2년 미만인 종사자

② 심화 프로그램

- 다문화가족지원센터 상담업무 종사자로서 일반 프로그램 이수 후 1년 이상 현장경력이 있는 종사자

- 대학이나 대학원에서 상담 및 심리치료를 전공하였거나 관련 과목을 이수한 종사자
- 다문화가족 상담업무 경력이 2년 이상인 종사자

4) 기대효과

다문화가족 자녀들의 심리적인 특성을 이해하고 어려움을 해결할 수 있도록 이론적인 부분들에 대한 숙지, 상담기법 및 아동상담 도구의 활용 경험, 실제 기법을 적용한 사례 경험들을 통하여 현장에서도 적용할 수 있는 상담 프로그램을 숙지할 수 있다.

다문화가족 부모-자녀관계의 특성을 파악하고 부모-자녀관계의 질을 향상하기 위한 실제 상담 경험을 통하여 다문화가족에 직접적인 서비스를 제공할 수 있다.

다문화가족 자녀들이 일상에서 보이는 여러 심리적인 문제들에 대한 심도 있는 접근을 통하여 다문화가족의 자녀들이 보이는 부적응 문제들을 예방할 수 있도록 하며, 심리적인 중재가 필요한 경우에 적절한 조치를 취하여 심리적인 문제를 해결하고 건강하게 성장할 수 있도록 하여 다문화가족 자녀들의 건강한 자아 성장을 도모한다.

5) 프로그램 세부내용

(1) 일반 프로그램

① 1회기 : 다문화 자녀들의 심리 · 정서 발달의 이해 및 자녀상담 담당자의 윤리와 역량

■ 목표

- 다문화가족 자녀들이 일상에서 부딪힐 수 있는 여러 가지 심리 · 정서적인 부분의 어려움에 대해 살펴보고 그에 해당하는 심리 · 정서 영역의 발달은 어떻게 이루어지는지 알아본다.
- 다문화가족 자녀상담 담당자로서 반드시 알아야 할 상담의 기본 원리

를 익혀 다문화가족 자녀들의 심리적인 특성에 대해 이해를 높이고, 아동이 가진 문제를 해결하고 각자 처한 환경에서 잘 적응하여 건전한 자아를 형성하는 데 도움을 줄 수 있는 전문가가 되도록 한다.

■ 강의(teaching)(60분)

- 다문화가족 자녀들을 상담하는 담당자는 특히 다른 문화를 가진 다문화가족의 내담자들을 만나는 데 있어서 편견과 선입견을 갖지 않도록 각별히 인식해야 한다는 점을 알리면서 첫 회기 참가자들의 이 강의에 대해 가지고 있는 요구에 대해 질문하면서 강의를 시작한다.
- 다문화가족 자녀들이 일상에서 느끼는 심리·정서적인 부분의 어려움
- 자아의 발달과정
- 정서의 발달과정
- 사회성의 발달과정
- 다문화가족 자녀상담 담당자가 지녀야 할 윤리 및 역량(Sue, Arredono, & McDavis, 1992)
- 상담현장에서 아동을 만나는 상담담당자의 기본 원리(김충기, 2002)

■ 활동(activity)(40분)

- 소그룹(4~5명)으로 구성한다.
- 지도자는 상담에 의뢰되었던 다문화가족 자녀의 상담사례를 소개한다.
- 지도자는 구성원들에게 사례를 보고 가계도 그리기 활동을 시작하기를 지시한다.

■ 종결(20분)

지도자는 참가자들에게 첫 회기를 마친 소감을 물어본 뒤, 다음 회기에서 다룰 내용을 간단히 소개하고 마무리한다.

■ 준비물

강의자료, 유인물, 빔 프로젝트, 필기도구, 상담사례 소개지

② 2회기 : 다문화 자녀들의 심리적인 어려움에 대한 진단 및 대처방안 I (우울, 불안 등의 내면화된 심리적인 어려움들)

■ 목표

다문화가족 자녀들이 일상에서 부딪힐 수 있는 여러 가지 심리·정서적인 부분의 어려움에 대해 심도 있게 살펴보고, 진단해 봄으로써 문제의 잠재 가능성이 있는 자녀들에게는 현장에서 직접 상담을 통한 중재를 할 수 있도록 하며, 경계선적인 만성 부적응적 자녀들에게는 전문가의 도움을 받을 수 있게 연계할 수 있는 감별능력을 향상시킨다.

■ 강의 및 활동(teaching & activity)(80분)

- 이번 회기는 1회기에서 다루었던 다문화가족의 자녀들이 가지는 일상생활에서의 스트레스, 낮은 자존감으로 인하여 발생하는 내면화된 심리적 어려움인 우울과 불안에 대해 다루는 회기임을 파악하여야 한다.
- 참가자들에게 우울과 불안에 대한 이론적인 내용에 대한 숙지를 한 후 진단을 통해 현장에서 중재 가능한 아동을 감별해 볼 수 있도록 하며, 이러한 특징을 보이는 아동들을 실제적으로 접근해 볼 수 있는 활동을 해본다.
- 아동기의 우울은 어떻게 나타나는가?
- 우울한 아동의 가족관계는 어떠한가?
- 아동기의 우울은 어떻게 출현하는가?
- 각자 나누어 받은 우울 관련 체크리스트에 직접 표기해 본다(부모용 우울체크리스트 참조).
- 소그룹으로 구성하여 우울지수가 다소 높은 아동들을 위한 실제 상담활동을 해본다.

- 강의(teaching)(40분)

  - 불안의 증상은 어떻게 나타나는가?
  - 불안을 많이 느끼는 아동의 인지기능은 어떠한가?
  - 불안을 많이 느끼는 아동은 어떠한 사회적인 어려움을 겪는가?

- 활동(activity)(40분)

  - 각자 나누어 받은 불안 관련 체크리스트에 직접 표기해 본다(불안 체크리스트 참조).
  - 소그룹으로 구성하여 불안한 아동을 위한 실제 상담활동을 해본다.

- 종결(20분)

  각자의 소감을 참여자들과 나누며 공유하고 현장에서의 적용에 대해 토론한다.

③ 3회기 : **다문화 자녀들의 심리적인 어려움에 대한 진단 및 대처방안 Ⅱ**(산만함, 공격성 등 외현화된 행동적 어려움들)

- 목표

  다문화가족 자녀들이 일상에서 부딪힐 수 있는 여러 가지 심리·정서적인 부분의 어려움에 대해 심도 있게 살펴보고 진단해 봄으로써 문제의 잠재 가능성이 있는 자녀들에게는 현장에서 직접 상담을 통한 중재를 할 수 있도록 하며 경계선적인 만성적 부적응 자녀들에게는 전문가의 도움을 받을 수 있게 연계할 수 있는 감별능력을 향상시킨다.

- 강의(teaching)(40분)

  - 이번 회기는 1회기에서 다루었던 다문화가족의 자녀들이 가지는 일상생활에서의 스트레스, 낮은 자존감으로 인하여 발생하는 외현화된 심리적 어려움인 산만함과 공격성에 대해 다루는 회기임을 파악하여야 한다.

- 참가자들에게 우울과 불안에 대한 이론적인 내용에 대한 숙지를 한 후 진단을 통해 현장에서 중재 가능한 아동을 감별해 볼 수 있도록 하며, 이러한 특징을 보이는 아동들을 실제적으로 접근해 볼 수 있는 활동을 해본다. 또한 심각한 수준의 우울 및 불안을 나타내는 아동들을 위한 개입은 후에 이루어지는 심화과정에서 깊이 있게 다루어짐을 알려준다.
- 산만한 아이들의 특징은 어떠한가?
- 산만함을 초기에 중재하지 않았을 때 어떠한 문제들을 초래하는가?

■ 활동(40분)

- 각자 나누어 받은 산만함 관련 체크리스트에 직접 표기해본다(산만함 체크리스트, 사회 정서적 고립 체크리스트 참조).
- 소그룹으로 구성하여 산만함의 지수가 다소 높은 아동들을 위한 실제 상담활동을 해본다.

■ 강의(40분)

- 공격적인 아이들의 특징은 어떠한가?
- 남자아이, 여자아이는 공격성에 있어서 어떠한 차이를 보이는가?
- 남아는 신체적인 공격성을 많이 보이고 여아는 언어적 공격성, 정서불안, 거짓말, 가출 등의 행동을 보인다. 기분장애, 불안장애, 학습장애, 의사소통 장애의 발생 가능성이 더 높다.

■ 활동(40분)

- 각자 나누어 받은 공격성 관련 체크리스트에 직접 표기해 본다(공격성 체크리스트 참조).
- 소그룹으로 구성하여 공격성 지수가 다소 높은 아동들을 위한 실제 상담활동을 해본다.

■ 종결(20분)

각자의 소감을 참여자들과 나누며 공유하고 현장에서의 적용에 대해 토론한다.

■ 준비물

강의자료, 체크리스트, 활동지, 빔 프로젝트, 동영상자료, 필기도구, 도화지, 사인펜, 크레파스

④ 4회기 : 다문화 자녀들을 위한 상담의 과정

■ 목표

다문화 자녀들이 보이는 심리적인 어려움들로 인해 상담에 의뢰되었을 시 상담을 통해 어떻게 접근할 수 있는지 구체적인 방법들에 대해 알아봄으로써 다문화가족 자녀들의 심리적인 복지 향상을 도모하고자 한다.

■ 강의 및 활동 1(140분)

- 이번 회기는 아동을 만날 때 아동에게 충분한 관심을 기울여 아동으로 하여금 이해받고 존중받고 있다는 것을 느낄 수 있도록 하는 실제 상담 대화 기법에 대한 강의 및 시연이 이루어지는 회기임을 전달한다.
- 참가자들에게 실제 임상에서 아동들을 만나는 장면에서 '상담자는 아동의 내면세계를 이해하기 위해 인내와 끈기를 가지고 순간순간 몰입하여 아동과의 만남을 지속한다'는 생각을 늘 상기시켜야 함을 강조한다.
- 상담대화 기법의 종류에 대한 강의를 한다(박성희, 2005).
- 두 명씩 짝을 지어 앉은 후 다음의 활동을 해본다.

■ 활동 2(40분)

상담노트 기록하기

■ 종결(20분)

각자 소감을 참여자들과 공유하고 현장에서의 적용에 대해 토론한다.

■ 준비물

강의자료, 유인물, 빔 프로젝트, 상담노트, 기록지, 실제사례 프린트물, 필기도구

⑤ 5회기 : 다문화 자녀들을 위한 집단상담 프로그램

■ 목표

다문화가족 자녀들에게 또래집단과 함께 참여하는 집단상담 프로그램을 경험하게 함으로써 자신과 타인을 보다 잘 이해하고 수용할 수 있도록 하여 사회 구성원으로서의 바람직한 역할을 도모하고자 한다.

■ 활동 1(60분)

- 다문화가족 영유아기 자녀를 대상으로 하는 집단활동 프로그램인 '손마사지'에 대해 시연을 보여준 후 참가자들이 직접 할 수 있도록 한다.
- 다문화가족 영유아기 자녀를 대상으로 하는 집단활동 프로그램인 '솜공불기'에 대해 시연을 보여준 후 참가자들이 직접 해볼 수 있도록 한다.
- 각자의 소감을 참여자들과 나누며 공유하고 현장에서의 적용에 대해 토론한다.

■ 활동 2(60분)

- 다문화가족 학령기 자녀를 대상으로 집단활동 프로그램인 '무인도 탈출하기'에 대해 시연을 보여준 후 참가자들이 직접 해볼 수 있도록 한다.
- 각자의 소감을 참여자들과 나누며 공유하고 현장에서의 적용에 대해 토론한다.

■ 활동 3(60분)

- 다문화가족 청소년기 자녀를 대상으로 하는 집단활동 프로그램인

'상상의 여행 떠나기'에 대해 시연을 보여준 후 참가자들이 직접 해볼 수 있도록 한다.

- 청소년기 자녀를 대상으로 집단활동 프로그램인 '인정자극주기'에 대해 시연을 보여준 후 참가자들이 직접 해볼 수 있도록 한다.
- 각자의 소감을 참여자들과 나누며 공유하고 현장에서의 적용에 대해 토론한다.

■ 준비물

로션, 솜공, 종이, 필기도구

⑥ 6회기 : 다문화가족의 부모상담(Ⅰ)

■ 목표

상담자는 다문화가족 부모들이 자녀 양육문제로 상담을 의뢰하였을 시 자녀를 양육하는 데 있어서 발생하는 갈등상황에서의 대처방법을 검토해 주고 대처방법 변화의 필요성을 인식하도록 하여 자녀와의 갈등상황을 문제로만 바라보지 않고 교육의 기회로 활용하여 건강하고 긍정적인 부모-자녀관계를 유지할 수 있도록 도움을 준다.

■ 강의 및 활동 1(80분)

- 참가자들에게 이번 강의를 시작하면서 현장에서 부모상담을 실시하는 데 있어서 다음과 같은 사항을 숙지하여야 한다는 것을 먼저 이야기해 준다.
- 이번 회기를 시작하면서 참가자들에게 부모-자녀 간에 갈등 주제로 대표적인 것이 무엇이 있을 수 있을지에 대한 질문을 하면서 참가자들의 활동 참여 의욕을 고취시킨다.
- 소그룹으로 구성하여 다음의 활동을 해본다.
- 갈등해결을 위한 대원칙인 결국 문제를 해결하는 과정에서 함께 참여하는 것 자체가 중요하다는 '상호참여'에 대해 강조하면서 마무리한다.

■ 강의 및 활동 2(80분)

- 갈등의 원인, 갈등에 대한 반응, 갈등이 지속될 때 결과에 대해 강의한다.
- 참가자들에게 자신이 기록한 갈등의 반응이 어떠한지 서로 이야기해 보고, 토의해 본다.

■ 종결(20분)

각자 소감을 참여자들과 공유하고 현장에서의 적용에 대해 토론한다.

■ 준비물

강의자료, 갈등상황 소개지, 갈등반응지, 갈등해결지, 빔 프로젝트, 필기도구

(2) 심화 프로그램

① 1회기 : 다문화 자녀상담 담당자의 자기 성장 및 다문화가족의 부모상담의 실제

■ 목표

- 다문화가족 상담 담당자들이 상담전문가로서 역할을 더 잘 수행하기 위해서 자기 분석과 성장의 시간을 갖도록 한다.
- 다문화가족의 부모들이 자녀 양육에 있어서 어려움을 느껴 상담을 요구하거나 다문화가족의 부모-자녀관계 개선을 위한 예방적인 치료교육 프로그램이 필요하다고 진단되었을 시 상담자는 자녀의 심리·사회 적응에 결정적인 역할을 할 수 있는 애착증진을 도모하기 위한 활동을 통하여 부모와 자녀가 함께 하는 시간을 마련하여 부모에게는 부모역할을 하면서 함께 성장하고, 아동에게는 부모와 긍정적으로 상호작용할 수 있는 경험을 제공하는 기회를 갖도록 한다.

■ 강의(100분)

- 참가자들에게 이번 회기를 통해서는 다문화가족 상담 담당자들이 상담전문가로서 역할을 더 잘 수행하기 위해서 자기 분석과 성장

의 시간에 대한 강의 및 부모-자녀 간의 친밀감을 높일 수 있는 활동의 시간들이 있다는 것을 알린다.

- 구체적인 도구들이 사용되는 회기이므로 도구들의 사용법 및 사용 수칙에 대한 공지도 잊지 않아야 함을 숙지시킨다.
- 다음의 내용에 대해 강의한다(백용매 역, 2006).
  - 애착
  - 모래놀이

■ 활동(60분)

부모와 자녀의 관계를 증진하기 위한 모래놀이 활동을 소개한다.

■ 종결(20분)

참여한 상담자들의 질의응답, 소감을 발표한다.

■ 준비물

강의자료, 영상물, 휴대용 모래놀이도구

② 2회기 : 불안하거나 우울감이 높은 다문화 자녀상담의 실제

■ 목표

다문화가족 자녀들의 상담에 있어서 불안이나 우울로 인해 문제의 잠재 가능성이 있거나 만성적인 문제를 보이는 아동의 상담이 직접적으로 이루어 질 수 있도록 사례분석 경험을 통하여 문제해결에 필요한 전문적 실습기회를 제공한다.

■ 분석토의(160분)

- 실제 불안이나 우울로 인해 문제의 잠재 가능성이 보이거나 만성적으로 문제를 가지고 있는 아동들을 실제로 상담할 수 있도록 하기 위하여 구체적인 사례 분석을 통하여 문제해결에 필요한 전문적인 실습시간임을 알린다.
- 분석사례활동 1에서는 교육지도자가 실제 자신이 경험한 사례를 소

개한다.

- 분석사례활동 2에서는 심화과정 참여하는 참여자들에게 미리 현장에서 진행하고 있는 다문화가족 자녀상담 사례 중 불안, 우울 증상을 보이는 사례를 미리 수집하여 예시문을 작성하고 준비한다.

■ 종결(20분)

참여한 상담자들의 질의응답, 소감을 발표한다.

■ 준비물

빔 프로젝트, 필기도구, 사례별 동영상 자료나 유인물

③ 3회기 : 산만하거나 공격적인 행동을 보이는 자녀상담의 실제

■ 목표

산만하거나 공격성을 보이는 행동들이 과잉되게 많아서 만성적인 문제를 보이는 다문화가족 자녀의 상담이 직접적으로 이루어질 수 있도록 사례 분석을 통하여 문제해결에 필요한 전문적 실습기회를 제공한다.

■ 분석토의(160분)

- 실제 산만하거나 공격적인 행동으로 인해 문제의 잠재 가능성이 보이거나 만성적으로 문제를 가지고 있는 아동들을 실제로 상담할 수 있도록 하기 위하여 구체적인 사례 분석을 통하여 문제해결에 필요한 전문적인 실습시간임을 명시한다.
- 분석사례활동 1에서는 교육지도자가 실제 자신이 경험한 사례를 소개한다.
- 분석사례활동 2에서는 심화과정 참여하는 참여자들에게 미리 현장에서 진행하고 있는 다문화가족 자녀상담 사례 중 산만함, 공격적인 행동을 보이는 사례를 미리 수집하여 예시문을 작성하고 준비한다.

■ 종결(20분)

참여한 상담자들의 질의응답, 소감을 발표한다.

■ 준비물

빔 프로젝트, 필기도구, 사례별 동영상 자료나 유인물

3. 다문화 가족상담

1) 필요성

다문화가족의 적응력을 향상시키기 위한 상담 프로그램은 매우 부족할 뿐만 아니라 다문화가족의 특성 및 문제유형에 따른 전문적인 개입과 기관 상호간의 협력이 미흡하다. 사회, 심리적인 문제를 가진 다문화가족에 대해 전문상담을 실시할 수 있는 인력을 지원함으로써 안정된 가족생활이 되도록 하는 적극적인 개입이 필요하다.

현재 시행되고 있는 다문화가족을 위한 지원은 교육이나 언어습득, 기술훈련, 교양 강좌, 자조모임의 성격을 띤 서비스에 집중되어 있으나, 심리적인 지원과 전문적인 상담 및 치료도 반드시 포함되어야 하며, 특히 다문화가족의 적응을 위한 조기 개입이 반드시 필요하다.

개인이 조절 가능한 심리적 요인은 개별 상담과 가족 상담을 통하여 긍정적인 변화가 가능하므로 다문화가족의 안정적 적응을 위한 상담 프로그램의 필요성은 더욱 강조된다. 다문화가족의 적응에 영향을 미치는 관련 변인의 연구를 살펴보면 연령과 결혼 기간, 자녀 수, 사회경제적 지위 등 개인이 변화시킬 수 없는 요인이 주로 지적되고 있다.

그러나 개인이 조절 가능한 개인적·심리적 요인은 개인 및 가족 상담으로 변화가 가능하므로 그들에게 더 직접적이고 지속적으로 영향을 미칠 수 있는 상담 프로그램에 대한 강조가 요구된다.

본 프로그램은 이주나 국제결혼으로 가족을 형성하여 적응 과정에 있는 다문화가족을 직접 상담하는 현장의 상담자를 위하여 고안되었다. 이들이 가족 구성원 개개인의 발달과 적응을 도우며 보다 잘 기능하고 있는 가족체계 촉진을 담당할 수 있도록 가족상담의 구체적인 접근의 실제를 제시하고자 한다.

2) 목 표

- 다문화가족의 구조, 의사소통, 상호관계의 관점에서 다문화가족의 갈등요인을 살펴봄으로써 가족 구성원 개개인의 발달과 적응은 전체 가족의 맥락 속에서 이해되어야 함을 인식하도록 한다.
- 개인과 가족 전체 사이를 지배하고 있는 고정화되어 있는 부정적 상호작용의 악순환을 저지하고 가족 자체가 가진 힘에 의해 가족의 기능 회복을 꾀할 수 있도록 돕는 방법과 가족 구성원이 스스로 인지, 정서, 행동을 조절하는 능력을 향상시키도록 돕는 상담 방법을 익혀 다문화가족을 상담하는 현장에서 적용할 수 있도록 한다.

3) 프로그램 구분 및 참여대상

(1) 프로그램 구분

① 일반 프로그램

일반 프로그램의 수준은 가족상담의 기본적인 이론 중심으로 구성되어 있으며 일반적인 사례를 통한 상담 및 계획하는 과정을 다루고 있다.

현장 경력이 적은 상담종사자들을 위해 상담상황에서 경험하게 되는 어려움들을 이해하고 지도하는 구체적인 상담 접근 방안들을 제시하는 형태로 이루어져 있다.

〈표 7-5〉 다문화 가족상담 프로그램(일반)

회 기	주 제	내 용
1	다문화 가족상담의 이해	상담자의 윤리와 기본 자세 다문화 가족상담의 적용기준 다문화가족의 갈등유형

회 기	주 제	내 용
2	다문화 가족상담을 위한 이론적 배경	정신 역동적 가족치료이론(대상관계 중심) 구조적 가족치료이론 경험적 가족치료이론 가족 정서체계 치료이론 다문화상담 치료이론
3	다문화 가족상담을 위한 진단과 상담과정	가족상담에서의 진단 가족상담의 과정 문화적 차이로 인한 다문화가족 갈등 사례로 상담 계획하기

② 심화 프로그램

심화 프로그램의 수준은 가족상담의 이론적 배경을 통해 진단하는 방법과 여러 유형의 실제 사례를 기법별로 분석하며 슈퍼비전을 제공한다.

현장 경력이 많은 상담종사자들을 대상으로 상담의 질을 향상시킬 수 있는 구체적인 방법을 익히도록 하였으며 실제적인 사례에 대한 슈퍼비전을 통해 상담을 공유하고 이해하도록 되어있다.

〈표 7-6〉 다문화 가족상담 프로그램(심화)

회 기	주 제	내 용
1	다문화 가족상담을 위한 가족사정(진단)	MIM을 통한 가족문제 진단하기 가족문제 진단 기준 적용해 보기
2	다문화가족을 위한 상담의 실제 1	시부모 및 친인척과의 갈등 사례 상담으로 접근하기
3	다문화가족을 위한 상담의 실제 2	다문화가족 요인에서의 복합적 갈등사례 분석하고 상담으로 접근하기

(2) 참여대상

① 일반 프로그램

- 다문화가족지원센터 상담업무 종사자
- 상담업무를 수행하고 있으나 비전공 학과 또는 심리 상담에 관한 과목을 이수하지 못한 종사자
- 다문화가족 상담업무 경력이 2년 미만인 종사자

② **심화 프로그램**

- 다문화가족지원센터 상담업무 종사자로서 일반 프로그램 이수 후 1년 이상 현장경력이 있는 종사자
- 대학이나 대학원에서 상담 및 심리치료를 전공하였거나 관련 과목을 이수한 종사자
- 다문화가족 상담업무 경력이 2년 이상인 종사자

4) 기대효과

- 실제 현장에서 적용할 수 있는 상담 프로그램을 소개함으로써 다문화가족 지원 차원에서 직접적인 서비스를 제공할 수 있을 것이다.
  - 즉, 본 프로그램을 통해 다문화가족을 위한 상담이 보다 구체적이고 체계적으로 수행될 수 있을 것이며, 특히 다문화 가족상담을 통해 정서적 어려움을 극복하고, 서로를 이해하고 수용하며, 사회적 관계를 회복하고, 자녀와의 바람직한 관계 형성을 통해 삶에 대한 분명한 목표의식과 희망을 가짐으로써 건강한 가족으로서의 삶에 적응할 수 있기를 희망한다.
- 다문화가족에게 도움을 제공하는 국방부 직할부대 및 기관의 종사자들에 대한 재교육의 효과를 거둘 수 있을 것이다.
  - 사회·심리적인 문제를 가진 다문화가족에 대해 전문상담을 실시할 수 있는 역할을 수행하게 될 것이다.

5) 프로그램 세부내용

(1) 일반 프로그램

① 1**회기 : 다문화 가족상담의 이해**

■ 목표

상담자의 윤리와 자질에 대한 이해를 통해 상담자가 스스로 돌아볼 수 있는 기회를 제공함으로써 현장에서 바람직한 상담이 이루어지도록 한다.

상담담당자가 다문화가족 상담에 대한 이해와 지식을 습득하도록 하고 가족 상담이 필요한 가족 내의 문제를 진단할 수 있으며 가족 내에서의 갈등 유형을 파악할 수 있도록 한다.

■ 강의(50분)

본 프로그램의 전체적인 진행에 대한 설명을 함으로써 이 프로그램에서 경험하며 익히게 될 내용에 대해 기대를 갖게 한다.
프로그램과 관련된 질문을 받는다.

- 다문화 가족상담자의 윤리와 자질

상담에서 상담자의 태도는 상담에 관한 지식과 기법 못지않게 매우 중요한 요인이 된다. 상담자는 내담자와의 촉진적 관계를 형성하고 유지할 수 있어야 한다.
상담자는 윤리(ethics)적이며 성숙한 인격을 갖추어야 한다(김유숙, 2009).
상담자의 자질(qualification)은 공감능력과 수용, 진실성이 있어야 한다(송정애, 2009).
다문화상담자의 역량(capability)은 자신의 문화적 인식과 내담자에 대한 존중을 포함한다(Sue, Arredono & McDavis, 1992).

- 가족상담과 다문화 가족상담

가족상담은 가족을 매개로 관계의 역동을 회복하게 한다.
다문화 가족상담은 관계구조와 의사소통을 이해함으로 안정된 삶을 영위하도록 한다.

- 다문화 가족상담의 적용기준

문화적 차이의 증상이 역기능적인 가족관계에 얽혀있다고 판단될 경우 가족상담을 진행한다.
도움을 요청한 개인의 요소가 개인의 문제보다 가족 간의 갈등으로 인함으로 관계변화에 있다고 판단되면 가족 상담을 진행한다.
가족이 서로 분리되는 것에서 어려움을 겪고 있는 경우에 가족상담을 적용한다.

◦ 다문화가족 갈등의 유형

가족의 구조와 기능으로 인한 갈등이 빈번하게 야기된다.
부모의 맞벌이 또는 언어적 의사소통 부족으로 인해 나타난다.
부모의 자녀에 대한 과잉보호와 지나친 기대에 따른 문제들도 갈등을 일으킨다.
우리나라에서 특징적으로 나타나는 갈등 유형으로 자신이나 가족의 입장보다는 타인에 대한 체면중심적 행동이 가족 간의 갈등을 일으키는 요인이 된다.

■ 활동(50분)

- 적정한 인원(5~6명)으로 그룹을 구성하도록 한다.
비디오 또는 동영상으로 가족상담 대상의 사례를 관람한다.
그룹 구성원 간에 관람 소감과 의견을 나누며 토론한다. 가족 구조 안에서의 갈등유형을 찾아본다.
사례 안에서 가족상담이 필요한 사항을 지적해 본다.

■ 종결(20분)

각 그룹별로 토론한 내용을 발표하며 회기를 마무리한다.

■ 준비물

강의자료, 유인물, 빔 프로젝트, 사례 동영상 자료, 필기도구

② 2회기 : 다문화 가족상담을 위한 주요 이론

■ 목표

가족상담을 적절하게 이끌어 가도록 주요 이론을 이해하여 현장에서의 상담 상황에 적용할 수 있도록 한다.

■ 강의

- 가족상담에서의 기본이 되는 주요 이론을 설명한다.

- 문제의 핵심과 변화요인을 토론을 통해 찾아보게 한다.

- **정신 역동적 가족치료**(대상관계이론 중심)(40분)
  - 정신역동적 가족치료는 정신역동 개념으로 가족을 이해하고 상담자와 가족원간의 상호반응에 대한 통찰을 갖고 가족에게 개입하는 기법이다.
  - 치료목표는 가족원들이 온전한 대상관계를 형성하고 가족원 각자의 애착욕구와 성장을 지지할 수 있는 능력을 향상시키는 것이다.

- **경험적 가족치료**(C. Whitaker, V. Satir)(30분)
  - 경험적 가족치료는 가족 구성원의 변화에 의해 가족이 변화되도록 고안 되었다.
  - 모든 행동은 합리적이고 적절한 동기가 있다.
  - 모든 사람들이 성장될 수 있으며 치료와 회복은 치료과정 중에 나타난다.
  - 자존감과 효과적인 의사소통은 상호 관련되어 있다.
  - 경험적 가족치료의 목표는 가족원들의 개방적인 자기표현을 촉진하여 개인의 성장을 통한 가족의 변화이다.
  - 사례 적용(예 : 우울과 스트레스로 인한 위기 가정)

- **가족 정서체계 치료**(Bowen)(40분)
  - 다세대 가족과정에 초점을 맞추며 가족이라는 맥락에서 한 개인을 인식하려는 접근이다.
  - 이 이론은 직관이나 임상적 판단위주의 치료에서 벗어나 원칙과 이론에 바탕을 둔 객관적이고 예측 가능한 치료가 되어야 할 것을 주장하였다.
  - 대부분의 가족문제는 가족 구성원이 자신의 원가족에서 심리적으로 분리하지 못하는 데 기인한다고 보았다.
  - 치료목표는 세대에 걸쳐 누적된 불안을 감소시키고 자아분화 수

준을 높여서 삼각관계에서 벗어나도록 하는 것이다.

- 주요 개념은 자아분화, 삼각관계, 핵가족의 정서체계, 가족투사과정, 다세대 전수과정, 정서적 단절, 출생순위, 사회의 정서적 과정이다(최규련, 2009).
- 사례 적용(예 : 원가족과의 불화로 인한 위기 다문화가족)

◉ 구조적 가족치료(Minuchin)(40분)

- 구조적 가족치료는 체계론적 관점을 근거로 발전된 것으로 가족의 상호작용 패턴을 가족구조로 본다.
- 구조적 가족치료의 원리는 사회적 상황은 개인정신에 영향을 미치고 개인은 사회적 상황에 영향을 미치는 상호작용이 반복된다고 본다.
- 기존의 중산층 가족을 대상으로 하던 구조에서 빈곤가족에게 적용하기 위해 개발한 새로운 개념의 기법이다.
- 치료목표 : 역기능적인 가족구조를 변화시켜서 증상을 제거하거나 문제를 해결하는 것이다.

  주요 개념은 경계선, 제휴 권력이다(김유숙, 2009).

◉ 다문화상담치료(D.W. Sue)(20분)

다문화상담이론은 특정 문화 집단원들이 다른 문화 집단원들과 관계하도록 돕는 방법에서 벗어나 내면화된 주관적 관점이다.
치료목표는 자신의 문화 틀 내에서 다른 세계관을 존중하고 이해하면서 새로운 방식으로 생각하고 느끼고 행동하며 의도대로 살 수 있도록 개인, 가족, 집단, 조직을 새롭게 하는 데 관여한다.

■ 종결(10분)

강의와 활동에 대한 질의문답 시간을 갖는다.

■ 준비물

강의자료, 빔 프로젝트, 필기도구, 사례 유인물 또는 사례 동영상

③ 3회기 : 다문화가족을 위한 진단과 상담과정

■ 목표

사례를 통해 다양한 가족문제로 어려움을 겪고 있는 다문화가족 내의 인간관계의 구조와 패턴을 이해하여 가족 간의 갈등을 파악하고 상담으로 접근하는 구체적 방법을 익힌다.

■ 강의(90분)

- 다문화가족관계와 정신역동
  - 다문화가족 내의 균형 잡힌 이해를 바탕으로 가족 구성원들 각자의 기대와 요구를 정확히 파악하고 기대와 현실을 합리적 수준에서 절충하도록 한다(양승민, 2008).
  - 다문화가족이 경험하는 갈등과 어려움은 자기실현을 방해하는 위협적인 경험으로 좌절과 두려움, 불안을 경험하게 된다.
  - 다문화가족의 기능적 측면에서는 문화적 차이를 조율하는 과정에서 가족구성원의 차이점을 더욱 잘 이해하고 수용할 수 있다.
- 가족상담의 진단
  - 제시된 문제에 대한 구체적 진단을 한다.
  - 가족 주위의 경계를 통하여 체계적 맥락을 확인한다.
  - 생활주기의 단계를 사용하면 가족의 갈등과 문제를 이해할 수 있다.
  - 가족의 역할구조는 문화와 종교에 강한 영향을 받는다.
  - 가족구성원들이 자신의 기대와 욕구에 대해 얼마나 명확하게 의사소통과 대화를 하는지 살펴본다.
  - 문화적 동질성보다는 문화적 유능감을 발달시켜 다양성을 존중하며 다문화가족원이 직면하고 있는 문제들에 민감함이 있어야 한다.

- 가족상담의 과정
  - 초기단계에서는 기초조사를 통해 문제를 규정짓고 치료목표를 설정한다.
  - 중기단계에서는 각각의 상담기법을 적용하여 상담을 이끌어 간다.
  - 종결단계는 치료목표가 이루어졌을 때가 기준이 된다.

■ 활동(50분)

- 적정한 인원(약 5~8명)으로 그룹을 구성하도록 한다.
- 문화적 차이로 갈등을 겪고 있는 다문화가족 사례를 제공한다.
- 각 그룹별로 토론하여 가족 내의 인간관계 갈등 사례를 분석하도록 한다.
- 각 그룹별로 사례에 적합하다고 생각되는 상담이론을 적용해 보도록 한다.
- 각 그룹별로 상담이론에 따른 상담과정을 계획해 본다.

■ 종결(40분)

- 각 그룹별로 문제파악과 이에 맞는 적합한 이론을 적용하고 정리하여 발표한다.
- 슈퍼비전을 통해 상담 과정을 완성한다.

■ 준비물

- 강의자료, 빔 프로젝트, 필기도구, 동영상 자료

(2) 심화 프로그램

① 1회기 : 다문화 가족상담을 위한 가족 사정(진단)

■ 목표

상담의 방향을 결정하는 가족 사정의 중요성을 인식하고, 다양한 가족 문제로 어려움을 겪고 있는 가족들에게 적절한 도움을 줄 수 있도록 구체적인 진단방법을 익히도록 한다.

■ 강의(20분)

가족상담의 수준은 상담이나 원조가 필요한 가족의 욕구를 생존을 위한 수준에서 가족 간의 정신적 충족인 자기실현에 이르기까지 단계가 있다고 보았다(김유숙, 2009).

■ 활동(80분)

가족 사정(진단)의 실제는 상담의 방향을 결정하고 문제들에 대한 정보를 구한다.

※ 맥매스터 모델로 진단해 보기
- 캐나다의 맥매스터 대학 정신과에 있던 엡스턴 등에 의해 개발된 모델로서 가족기능을 문제해결, 의사소통, 역할, 정서적 반응성, 정서적 관여, 행동통제, 가족의 일반적 기능 차원의 7가지 측면을 진단지를 통해 파악한다(김유숙, 2009).
- 적정한 인원(4명)으로 그룹을 구성하도록 한다.
- Role Play로 느낌을 체험한다.
- 체크리스트를 작성한다.
- 평가기준을 통해 진단한다.

● 가족 MIM

- 부모와 자녀 사이의 다양한 관계양상을 측정하기 위해 구조화된 방법으로 발전된 기법이다.
- 원리에 따른 구조화된 활동을 제공하고 가족들이 수행하는 활동 속에서 패턴과 문제의 유형을 진단할 수 있다.
- 가족 MIM의 예시활동 : 가족이 함께 또는 한쪽 부모와 자녀가 평상시의 상호작용 활동을 한다.
- 가족 MIM 사례를 동영상으로 보여준다.
- 직접 role play 형식으로 활동을 진행한다.
- 각 그룹별로 상호작용을 관찰하고 관계 속에서의 문제를 진단해 본다.

■ 준비물

강의자료, 빔 프로젝트, 필기도구, 동영상 자료, 맥매스터 진단 척도, 가족 MIM 카드, 디지털 캠코더, 노트북

② 2회기 : 다문화가족을 위한 상담의 실제 I

■ 목표

가족 간 다양한 문제로 어려움을 겪고 있는 다문화가족들에게 필요한 도움을 줄 수 있도록 사례 속에서 관계의 구조와 패턴을 이해하게 함으로써 성공적인 가족 상담을 하도록 한다.

■ 강의(40분)

- 다문화가족 안에서 많이 발생하는 사례로 시부모 및 친인척과의 갈등 상담으로 접근한다.
- 현장상담에서의 사례를 각 지역별로 미리 수집하여 분석 후 예시문을 작성하고 배부할 수 있도록 준비한다.

■ 슈퍼비전 활동(50분)

- 적정한 인원(4~5명)으로 그룹을 구성하도록 한다.
- 사례 진단 및 상담기법으로 접근하여 나타나는 문제를 진단한다.
- 가족 간의 갈등을 구체적으로 파악해서 다양한 방향에서 조망하게 한다.
- 상담과정 구성하기에 대해 평가한다.

■ 종결(30분)

- 그룹별 발표 내용을 수정하고 구체적 대안을 제시해 준다.
- 참여한 상담자들의 질의응답, 소감을 발표한다.

■ 준비물

강의 자료, 빔 프로젝트, 필기도구, 사례를 알 수 있는 동영상 자료 및 유인물

③ 3회기 : 다문화가족을 위한 상담의 실제Ⅱ

■ 목표

다문화가족 상담현장에서 겪고 있는 실제 상담사례들을 공유하고 슈퍼비전을 서로 주고받음으로써 상담자의 수준과 상담의 질을 높인다.

■ 활동(슈퍼비전 : 150분)

◦ 슈퍼비전의 준비과정

- 슈퍼비전을 하는 주제는 다문화가족 간에 많이 발생하는 갈등 사례 상담으로 접근한다.
- 현장 상담에서의 사례를 미리 수집하여 분석하고 강의시 참여자에게 배부할 수 있도록 예시문을 작성하고 준비해야 한다.
- 구체적인 슈퍼비전의 근거를 제시함으로써 자기 진단을 할 수 있게 한다(송정애, 2009).

◦ 슈퍼비전 진행방법

- 가족상담의 현장에서 진행된 사례를 사전에 수집하여 준비하도록 한다.
- 현재 상담 종결되었거나 진행 중에 있고 내담자의 동의를 얻은 네 개 정도의 사례로 공개 발표하도록 한다.
- 전문가가 상담과정 평가기준에 의해 슈퍼비전을 주는 형식으로 진행한다.
- 사례를 통해 가족상담의 전반적 과정과 올바른 상담 내용을 구체적으로 파악해 보고 성공적인 면과 실패하는 요점을 파악하고 이해하도록 한다.

■ 종결(30분)

참여한 상담자들의 질의응답, 소감을 발표한다.

■ 준비물

빔 프로젝트, 필기도구, 사례별 동영상 자료나 유인물

참/고/문/헌

김승권(2011). 다문화가족 교육관계자 지원 프로그램 개발 및 운영방안 연구. 한국보건사회연구원.

김유숙(2009). 우울한 청소년에 대한 이야기치료 접근. 학생생활연구, 제25권.

김충기(2002). 교사와 부모 유형에 대한 아동의 지각 특성에 따른 창의성의 차이 분석. 한국교원대학교 대학원 석사학위논문.

박성희(2005). 아동의 학교학업 스트레스 및 과외학업 스트레스와 무력감 간의 관계. 부산대학교 대학원 석사학위논문.

백용매(2006). 치료자의 자기분석과 성장을 위한 워크북. 학지사.

송정애(2009). 가족과 생활문화. 양서원.

안혜옥(2007). 국제결혼 여성 가정에 대한 연구. 단국대학교 대학원 석사학위논문.

양승민(2008). 농촌지역 결혼이민여성의 스트레스 요인과 반응에 관한 질적 사례연구. 상담 및 상담치료. 한국심리학회지, 제21권 제4호.

최규련(2009). 가족구조, 부모와의 의사소통, 학업문제와 친구관계가 청소년 비행에 미치는 영향. 대한가정학회지, 제48권 제7호.

최성애(2010). 감정코칭. 한국경제신문 한경BP.

Chapter

08

가족상담의 실제

1. 사례관리의 개념
2. 사례관리의 과정
3. 사례연구

| Chapter 8 | 가족상담의 실제

1. 사례관리의 개념

1) 사례관리의 개념

사례관리(Case Management)란 특정 클라이언트의 복합적인 욕구를 충족시키기 위하여 클라이언트와 그 가족들의 환경에 따라 지역사회 내의 다양한 서비스를 연결하는 통합적인 서비스를 일컫는다.

(1) 사례관리의 다양한 정의

① 사례관리는 사회복지사가 보호를 필요로 하는 사람으로 하여금 적절한 서비스를 받을 수 있게 하는 것이며, 사회복지사가 책임을 갖고 다양한 서비스를 연결하여 보호를 필요로 하는 사람의 문제를 해결하는 방법이다.

② 사례관리는 선정된 사례관리자가 복합적 욕구를 지닌 클라이언트의 복지와 기능화를 최대화하기 위해 고안된 활동으로, 공식적·비공식적 지원들의 망(Network)을 조직하고, 조정하며, 유지하는 것을 강조하는 것이다.

③ 사례관리는 정신보건, 노인복지, 아동복지, 보건, 발달장애 등의 분야와 같은 인간 서비스 분야에서 폭넓게 사용되는 실천 모델로, 만성의 심각한 문제를 가진 클라이언트에게 지역사회에서 지속적이고 폭넓은 서비스를

제공하는 방식이다.

④ 사례관리는 개인이나 집단이 독립적으로 기능할 수 있도록 그들의 잠재력을 최대화하고, 도움을 필요로 하는 클라이언트와 사회적 제도・조직・기관들 사이를 연계하는 것이다.

※ 결혼이민자 또는 결혼이민자가족들이 갖는 욕구는 다른 사회서비스 요구자와는 달리 매우 복합적이며, 다양하다. 반면에 거의 모든 결혼이민자와 그 가족들이 대부분 같은 내용의 서비스를 요구하는 것도 사실이다.

(2) 사례관리의 특징

① 사례관리는 비교적 장기적이고 복합적인 문제를 가진 인구집단을 대상으로 한다는 점이다. 장애인, 노인이 대표적인 사례관리의 대상 인구집단이 된다. 이러한 클라이언트들은 다양한 서비스를 필요로 하고 또한 그러한 욕구가 장기간 계속된다는 특징을 갖는다.

② 사례관리는 지역사회의 다양한 공식적・비공식적 자원의 동원을 필요로 한다는 점이다. 클라이언트의 욕구가 복합적이기 때문에 많은 경우 이러한 욕구는 특정 조직, 즉 사회복지사가 종사하고 있는 한 조직 내의 서비스 자원으로는 충족될 수 없다. 따라서 조직 내 서비스 자원뿐 아니라 조직 외부의 자원을 적극적으로 연결하는 노력이 필요해진다.

③ 개별 클라이언트에 대한 서비스를 한 사례관리자가 책임을 갖고 장기적으로 관리한다는 특징이 있다. 이러한 의미에서 클라이언트라는 개념보다는 사례라는 개념이 더 적절한 것이 된다.

※ 결혼이민자들의 경우, 한국에 입국하여 공항에 도착하는 직후부터 낯선 환경에 놓이게 되며, 곧바로 한국문화의 특성상 배우자, 며느리 또는 어머니로서 가정 내에서 일정한 역할을 요구받게 된다. 결국 결혼이민자는 가족 구성원으로부터 언어와 문화에의 빠른 적응을 요구받게 되거나, 의사소통 문제의 해결을 위해, 또는 이러한 과정에서 발생되는 스트레스와 심리적 혼란 상태로 인한 치료적 목적 등의 과정을 통해 사례관리의 대상자가 된다.

(3) 사례관리의 목적

서비스 전달이라는 측면에서 볼 때

① 특정 시점에서 포괄적인 서비스를 조정하여 개인에게 제공하고, 기간의 경과에 따라 변화하는 개인의 욕구를 충족시킬 수 있도록 즉각적이고 포괄적인 서비스를 지속적으로 제공해 주는 보호의 연속성을 보장하는 것이다.
② 클라이언트가 다양한 서비스 체계와 협상하는 것을 원조해 줌으로써 서비스에 대한 접근 가능성을 증대시켜 주고, 서비스의 단편화로 인한 서비스 접근의 장애들을 극복하여 클라이언트에 대한 전반적인 책임을 지도록 함으로써 책임성을 증대시켜 줄 수 있다.
③ 서비스가 클라이언트의 욕구에 적합하고, 적절한 방법으로 제공될 수 있도록 보장함으로써 서비스 계획의 효율성을 향상시킨다.

(4) 조직의 역할에 따른 사례관리 서비스의 차이

사회복지조직 (각종 센터 및 복지관)	지방자치단체 (시·군·구·동 민원실)
서비스를 가능케 하는 영역 서비스를 직접 담당 치료적 서비스	서비스를 촉진시키는 영역 서비스를 연계하는 기능 서비스 연계, 조정

※ 결혼이민자들의 케이스가 사례관리 대상으로서 가장 적합한 이유는 결혼이민자들의 욕구가 언어교육, 문화적응, 의사소통, 가족상담, 자조집단은 물론 체류허가, 부모초청, 국적신청 등 다양한 욕구를 지닌 클라이언트라는 점과 입국시기부터 임신-출산-양육 등 결혼이민자 본인은 물론 자녀에게까지 장기간에 걸친 서비스 제공이 필요하다는 점에서 결혼이민자를 위한 서비스의 전달 과정에서 사례관리를 도입하지 않을 수 없다. 또한 이처럼 다양한 결혼이민자들의 욕구를 해결하기 위해서는 한 조직 내의 서비스 자원으로는 충족될 수 없으면 각각의 서비스를 제공해 줄 수 있는 지역사회 내 공식적·비공식적 자원으로의 연계가 절대적으로 필요하므로 위와 같은 서비스를 효과적으로 제공하기 위해서는 사례관리가 필수적이다.

2. 사례관리의 과정

1) 사례관리의 과정

(1) 시작(Intake)

사례관리자의 케이스 발견 또는 클라이언트의 행정기관 또는 센터 방문을 통해 이루어지며, 향후 지속적인 상담이 가능하게 하도록 하기 위해 내담자의 정보를 파악하여야 한다.

(2) 사정(Assessment)

사정이란 클라이언트의 주위환경을 포함한 그의 상황을 이해하는 집중적이고도 체계적인 과정이다. 사정은 세 가지 측면에서 매우 유용하다. 즉, 서비스의 적격성 여부 결정, 클라이언트의 욕구, 능력 및 잠재적인 자원의 확인, 클라이언트의 진행과정을 평가하는 방법을 구체화하기 등이다. 사정은 다음과 같은 분야에서 구체적으로 이루어져야 한다.

- 욕구 및 문제 사정 : 클라이언트의 욕구 및 해결해야 하는 문제들
- 자원 사정 : 클라이언트가 문제를 해결하는 데 있어서 유용하게 활용할 수 있는 자원들
- 장애물 사정 : 클라이언트가 자원을 활용하는 데 있어서의 장애물들

또한 사정단계에서 파악해야 할 정보는 다음과 같다.

- 현재의 문제 상황
- 신체적 · 정신적 건강상태
- 일상생활동작기능
- 심리 · 사회적 기능
- 경제 상황
- 클라이언트가 갖는 느낌 · 가치관 · 대인관계방식

- 가족 · 이웃 · 친구에 관한 정보
- 세대의 상황
- 거주 상황
- 클라이언트의 자조 능력 및 프로그램에 대한 적극성
- 현재 이용하고 있는 서비스 및 자원
- 서비스의 자격 요건과 관련한 경제 상황 및 거주 장소 등

(3) 계획(Planning)

계획은 사정에서 수집한 정보를 클라이언트에게 도움이 되는 일련의 활동으로 전환하는 과정이다. 계획은 사정을 자세히 할 수 있도록 도와주며 사례관리 활동을 위한 합리적인 기초가 된다. 이때 계획은 가설적인 것이어서 사례관리 과정에서 변화할 수 있다. 또한 사례관리자는 정기적인 검토를 통해 필요한 계획의 변화를 시도할 수 있다. 공식적이고 구조화된 계획은 다음의 4단계로 이루어진다.

① 1단계 : 사례관리자와 클라이언트 사이의 신뢰관계를 형성한 후 클라이언트의 정확한 욕구, 요구사항, 능력 및 자원 등에 대한 상황을 바탕으로 상호 간의 목적 수립하기
② 2단계 : 클라이언트의 중요한 욕구를 명확히 하고 문제를 파악하여 목적들 중에서 클라이언트에게 가장 중요하다고 인식되는 것, 클라이언트의 삶에 즉각적인 위험을 미칠 가능성이 있는 것 순으로 우선순위 정하기
③ 3단계 : 목적달성을 위한 방법을 선택하는 것으로서 현실과 실행가능성을 고려하여 전략 수입하기
④ 4단계 : 선택된 전략을 실행하기 위해 시간과 절차 등을 구체화하여 전략을 실행하기

(4) 개입(Linking)

계획이 세워지고 개인의 목적과 전략이 결정되면, 사례관리자는 개입을 하

게 된다. 이때의 개입은 크게 내부자원의 획득을 위한 직접적 서비스 제공과 외부자원 획득을 위한 간접적 서비스 제공으로 나누어진다. 직접적 서비스 제공의 경우, 사례관리자는 이행자, 안내자, 교육자, 정보제공자, 지원자로서 기능한다. 반면 간접적 서비스 제공의 경우에 대한 개입을 통해 클라이언트의 사회적 지원체계의 확장을 도모하거나 공식적 대인서비스 제공, 사회적 망 구성원과의 기술적 조력 및 협력 등의 기능을 한다.

(5) 점검(Monitoring)

'서비스와 지원이 잘 이루어지고 있는가'에 대해 점검하는 것은 사례관리의 여러 가지 기능 중에서 매우 중요하다. 점검이란 '클라이언트의 완성된 계획에서 정해진 서비스와 지원의 전달과정을 추적하는 방법으로 사례관리자에 의해 행해지는 활동적이고 유동적인 과정'을 의미한다. 이러한 점검은 다음과 같은 목적을 갖는다.

① 서비스 계획이 적절하게 이루어지는지 그 정도를 검토한다.
② 클라이언트에 관한 서비스와 지원계획의 목표에 대한 성취를 검토한다.
③ 서비스와 사회적 지지의 산출을 검토한다.
④ 클라이언트의 욕구 변화를 점검하여 서비스 계획의 변화 여부를 검토한다.

(6) 사후관리(Follow-up)

사후관리는 평가와 환류로 구성되며, 평가란 '사례관리자에 의해 형성되고 조정되는 서비스 계획, 구성요소, 활동 등이 과연 시간을 투자할 만한 가치가 있는지 여부를 측정하는 과정'이다. 평가와 점검은 그 개념상 구별된다. 점검이 '정해진 활동이 계획대로 잘 이루어지고 있는지'를 살펴보는 것이라면, 평가는 '사례관리자의 활동이 클라이언트의 삶에 어떤 차이점을 만들어 가고 있는가'를 보는 것이다. 환류는 정기적인 사후관리 시에 새로운 문제가 생긴다든지 또는 새로운 욕구가 발생한다면 다시 사정의 과정에서부터 사례관리를 진행하는 것을 뜻한다. 이전에 작성한 계획에 의해 개입이 이루어졌으나 새로운 욕구의 발생으로 생활상의 곤란이 발생했다면 사정의 과정으로 돌아가서 사례관리 과정의 순환을 반복하여야 한다.

2) 사례관리를 위한 지역사회 기반조성

사례관리가 성공적으로 수행되기 위해서는 단지 사례관리자 개인의 능력이나 노력만으로는 충분하지 않다. 사례관리가 수행되기 위해서는 선결되어야 할 과제가 있다. 그것은 지역사회 기반조성이다. 사례관리는 지역사회를 단위로 하여 지역사회의 다양한 자원을 활용하는 것에 초점이 두어진다. 따라서 효과적이고 효율적인 사례관리를 위해서는 지역사회의 다양한 자원들의 활용이 가능하도록 하는 기반이 조성되어야 한다.

① 지역단위로 필요한 기본적인 사회서비스 제공기관을 확보하여야 한다. 특히 복지서비스 제공기관은 아직도 부족한 실정이며, 기존의 기관들조차 대부분 도시지역에 편재되어 있어 지역별로 사례관리자가 활용할 수 있는 서비스 자원은 매우 제한적이다.

② 지역사회의 복지서비스 기관 간 협력체계가 구축되어야 한다. 사례관리에서 가족, 이웃, 친구들을 비롯한 비공식자원의 동원도 중요하나 이러한 자원의 동원은 사회복지사 개인의 역량에 많은 부분 의존한다. 따라서 사회복지사의 개별적인 노력으로 어느 정도 해결이 가능한 부분이다. 반면 사회복지 관련 기관 관 협력은 사회복지사 개인의 노력으로는 해결하기 어려운 문제이다.

③ 효과적인 사례관리를 위하여 사회서비스 제공기관에 대한 정보공급 체계의 구축이 필요하다. 현재 사회서비스 제공기관에 대한 정보획득은 대부분 개인 사회복지사의 노력에 의존하고 있으며 이러한 정보들이 상황변화에 따라 계속 수정·보완되지 못한다는 것이다. 그러므로 사회서비스 자원에 대한 정확한 정보를 얻기 위해서는 사회서비스와 관련된 지역사회의 각종 정보들을 수집하여 데이터베이스를 구축해 두고 이용자들이

접근할 수 있게 해줄 필요가 있다. 이러한 공급체계는 사례관리자로 하여금 빠른 시간 내에 지역사회의 서비스 자원을 확인하고 이용할 수 있도록 하는 데 중요한 기반이 된다.

※ 사례관리(case management)의 6가지 과정을 통해 클라이언트의 욕구를 확인하고, 이와 관여된 사회 환경 및 지역자원을 확인하여 연계, 점검하는 일련의 서비스가 종료되며 사례관리자는 서비스를 평가하고 부족한 서비스의 제공을 위해 위의 과정을 반복하여 클라이언트에게 서비스를 제공하는 것이 사례관리의 과정이다.

3. 사례연구

【B씨의 사례】

중국동포 결혼이민자 B씨(31세)는 중국 길림성 출신으로 한국에서 일하고 있는 이모의 소개를 통해 2006년 8월, 한국인 김씨(44세)를 만나 결혼하였고, 다음 달인 9월 한국에 입국하였다. 결혼 당시 작은 회사에 다니고 있다는 이야기를 들었으나 막상 한국에 와서 보니 남편은 일용직으로 일하고 있었고, 고혈압으로 인해 지속적으로 약을 복용하고 있었다. 2007년 6월 21일, B씨는 분당의 모 병원 사회사업팀을 통해 센터를 찾아왔고, B씨는 이미 5월 29일, 29주 만에 조산하여 아이는 병원에 입원 중이었고, 퇴원을 하고자 하였으나 병원비가 마련되지 못하여 퇴원을 못하고 있는 실정이었다. 특히 B씨는 한국에 입국한 지 1년여 밖에 되지 않아 정부의 각종 생활지원 관련 법률정보가 부족하였고, 본인의 퇴원 시에도 친척의 도움으로 병원비를 마련하였다.

사례관리자는 B씨와의 면접을 통해 각종 사회생활상을 파악하고, 긴급의료비 지원, 기초생활수급권 확보, 심리 · 정서적 안정, 경제적 안정을 목표로 삼았다.

사례관리자는 B씨와 동행하여 보증금 200만 원에 월세 20만 원인 월세계약서 및 남편의 고혈압 진단서, 아기의 조산에 대한 진단서, 입원증명서, 퇴원 중간정산서 등을 준비하여 동사무소를 방문, 사회복지 담당자에게 긴급의료비지원 신청 및 기초생활수급신청을 마쳤다.

이후 지속적인 상담을 통해 정서 · 심리적 안정을 찾았고, 사례관리를 통해 남편에게는 일용직 근로 후 자주 갖는 술자리가 건강관리에 해로움을 알리고, 지역자활센터를 통해 자활사업에 참여하도록 연계하였으며, 이후 B씨의 친정어머니가 입국하여 아이를 양육하고, B씨는 중국어학원에서 파트타임으로 일을 할 수 있도록 연계하였다.

[B씨의 사례관리 요약]

사정	욕구 및 문제사정	- 주 욕구 : 아기의 퇴원비용 마련 - 제시된 문제 ① 병원비 마련 ② 구조적인 가정경제의 어려움 ③ 남편의 지병 ④ 클라이언트의 심리 · 정서적 불안정
	자원 사정	- 기초생활보장법상 수급권 신청 대상 가능 - 긴급의료비 신청 대상 가능 - 중국동포로 중국어 사용 가능
	장애물 사정	- 클라이언트의 정부지원대비책에 대한 정보 부족 - 남편의 경제적 무능력, 지병 - 아기의 조산 등 병리적 장애
계획	상호 간의 목적 만들기	- 긴급의료비 지원 및 기초생활수급권 신청 - 남편의 자활사업 참여 - 아기 보육을 위한 친정어머니 초청 - 정기적인 상담 - 중국어 강사로의 취업 준비
	전략 수립하기	- 월세계약서, 남편과 아기의 병원진단서 등 각종 증명서 준비 - 남편과의 원활한 의사소통 및 남편의 이해 구하기
개입	자원 연결	- 병원방문 - 동사무소 방문 - 지역자활센터 방문 - 출입국관리사무소 방문 - 정기적인 센터 내담 - 중국어학원 연계
점검	서비스 계획의 적절성	- 서비스 진행 중 정기적인 점검과정을 통해 계획 달성도 확인 - 지속적인 내담을 통해 상황변화를 확인하고 심리 · 정서적 지지도 변화를 확인
	목표 달성 여부	- 상호 간에 설정한 목표가 달성 가능한지 정기적인 점검 - 남편의 지역자활센터에서의 자활 사업이 본인의 적성에 맞는지 여부를 점검 - 친정어머니 초청 이후 남편과의 관계를 고려하여 적절성을 점검 - 클라이언트의 중국어 강사 자질 등이 취업에 적격한지를 점검
평가	개입계획 평가	- 서비스 계획에서 의도했던 대로 개입이 이루어졌는지 평가
	목적달성 평가	- 사정 시 세웠던 목표가 달성되었는지의 여부를 평가

참 / 고 / 문 / 헌

강승호(2008). 다문화사회지원과정 : 상담 및 사례관리 기법. 경기도인재개발원.

엄재은(2010). 다문화가정 아동 멘토링에 관한 사례연구. 고려대학교 대학원 석사학위논문.

임경은(2013). 다문화가정 학생의 학교 적응 성공 요인 및 유형에 관한 사례연구. 서울교육대학교 대학원 석사학위논문.

유지현(2010). 다문화가정 초등학생의 학교생활에 관한 사례연구. 경남대학교 대학원 석사학위논문.

Chapter

09

다문화가정의 이혼 요인

1. 다문화가정의 이혼의 특징
2. 다문화가족 해체 사유
3. 한국가정법률사무소의 혼인 · 이혼 자료

| Chapter 9 |

다문화가정의 이혼 요인

1. 다문화가정의 이혼의 특징

다문화가정 이혼의 특징은 이혼의 지속적인 증가와 짧은 동거기간, 그리고 내국인 간의 이혼과는 다르게 재판에 의한 이혼이 다수를 차지하고 있는 것을 들 수 있다. 통계청 자료에 따르면 내국인 간 이혼율은 지속적으로 감소하고 있는 반면 다문화가족의 이혼은 지속적으로 증가하고 있다.

2001년도 국제결혼건수는 14,523건이고 국제결혼부부 이혼건수는 1,694건으로 국제결혼부부의 이혼율은 11.7%를 차지하고 있다가 2002년부터 소폭으로 하락하여 2005년 9.8%까지 내려갔으나 2006년도부터 급격하게 증가하여 2011년 현재 국제결혼건수 29,762건 중 국제결혼부부 이혼건수가 11,495건으로 38.6%의 이혼율을 보이고 있다. 한국 여성과 외국 남성과의 국제결혼부부의 이혼율은 2001년 27%에서 2002년 소폭으로 증가하다가 다시 2003년부터 감소하기 시작하여 2005년에는 15.45%까지 감소하였다. 그 후 2006년부터 다시 증가하기 시작한 후 해마다 꾸준히 증가세를 보이며 2011년 현재 42%의 이혼율을 보이고 있다. 이는 2001년 대비 1.6배 정도 증가한 수치이다. 반면에 한국 남성과 외국 여성과의 이혼율은 2001년 4% 정도였고 2002년과 2003년에는 감소율을 보이다가 2004년부터 증가하기 시작하여 2006년도에는 13.3%로 증가하였고, 그 후 매년 큰 폭으로 늘어나 2011년 현재 37.5%의 이혼율을 보이며 2001년 대비 거의 9배 정도의 증가율을 보이고 있다(이명옥, 2013).

주요 5개국 출신 외국인 아내와의 이혼율 변화를 보면, 중국출신 여성과의 이혼의 경우 2001년 결혼 6,977건 대비 이혼 166건으로 2.4%의 이혼율을 보이고 있으나 2002년부터 서서히 증가하다가 2006년 결혼 14,566건에 이혼 2,538건으로 17.4%의 두 자릿수 이혼율을 보이며 급증하였고, 그 후 계속적으로 급격한 증가세를 이어가 2011년에는 결혼 7,549건, 이혼 4,783건으로 63.4%의 이혼율을 보이고 있다.

2001년 외국여성과의 결혼이 9,684건이고, 이혼이 387건으로 4.0%의 이혼율을 보이고 있으나 2000년대 중반까지 10% 범위 내에서 증감율을 보이다가 2006년부터 급증하여 10%를 넘어 2011년 현재 결혼 22,265건에 이혼 8,349건으로 37.5%의 이혼율을 보이고 있으며, 이러한 변화는 주요 5개국 출신여성과의 이혼에 따른 변화로 볼 수 있다. 특히 전체 외국여성과의 이혼율 증가에 큰 영향을 미치고 있는 중국출신 여성과의 이혼율을 통하여 중국출신 여성결혼이민자의 다문화가족이 가장 많은 문제점을 가지고 있음을 엿볼 수 있다(이명옥, 2013).

통계청에서 발표한 2011년 혼인·이혼 통계 보도자료에 의하면 국내에서 이혼한 부부의 경우 75%가 협의이혼하고 24%가 재판에 의한 이혼인 반면 다문화가족 부부의 경우에는 35%가 협의이혼하고 65%가 재판에 의해 이혼하고 있다. 국내 이혼부부의 경우 부부 당사자 간 서로 협의에 의하여 이혼을 하고 있지만 다문화가족 대부분의 여성결혼이민자들이 낮선 나라 남편의 폭력, 무능력, 문화적 차이와 소통의 어려움 등 부당한 대우를 견디다 못해 이혼소송을 제기하는 경우가 많다(경기신문, 2012. 7. 12.).

2011년 한국 남성과 외국 여성의 혼인건수가 감소율을 보인 반면 한국가정법률상담소의 다문화가족 이혼상담건수는 2010년 472건에서 2011년 648건으로 전년대비 37.2%나 증가해 다문화가적의 갈등이 심각한 수준임을 알 수 있다.

이혼한 다문화 부부의 평균 결혼기간은 4.7년으로, 이혼한 한국인 부부의 평균 결혼생활 14.2년에 비하여 1/3 수준으로 나타나고 있다. 또한 한국인 부부의 결혼지속기간이 5년 미만인 경우가 31.5%에 비하여 다문화 부부의 경우 60.7%에 달하고 있어 다문화가족 부부의 평균 결혼지속기간이 한국인 부부에 비하여 현저히 짧은 것을 알 수 있으며, 이를 통하여 다문화가족의 여성결혼이민자들이 입국 초기에 한국생활에 적응하지 못하고 안정적으로 뿌리를 내리지 못하고 있는 것을 알 수 있다.

2. 다문화가족 해체 사유

통계청에서 발표한 2011년 혼인·이혼 통계 보도자료에 따르면 우리나라에서 이혼하는 부부의 이혼사유는 성격차이가 44.9%로 가장 높고 그 다음으로 경제문제 12.27%, 배우자의 부정 8.1%, 가족 간의 불화 7.1%, 폭력 4.6%, 건강문제 0.68% 그리고 기타가 22%를 차지하고 있다. 또한 '2009년 전국 다문화가족실태조사 연구'에 의하면 국내 여성결혼이민자 다문화가족의 이혼·별거 이유는 성격차이가 28.4%, 경제적 무능력 19.7%, 학대와 폭력 13.7%, 외도 12.7%, 심각한 정신장애 및 기타 9.4%, 음주 및 도박 8.8%, 배우자 가족과의 갈등 7.2% 순으로 나타나 다문화가족의 경제문제와 폭력, 외도 등의 문제가 심각한 것을 알 수 있다. 지역별로는 도시지역이 농촌지역보다 외도와 배우자 가족과의 갈등, 경제적 무능력이 높은 비율이었고 성격차이, 학대와 폭력, 음주 및 도박, 심각한 정신장애 및 기타 등은 농촌지역이 도시지역보다 높은 비율을 보이고 있다.

여성결혼이민자의 교육수준별로는 전 학력층에서 성격차이와 경제적 무능력을 이혼·별거의 주요 요인으로 지적하였다.

여성결혼이민자의 출신국별로는 이혼·별거의 사유에 뚜렷한 차이를 보이고 있다. 가장 눈에 띄는 차이는 북미·호주·유럽출신 여성의 경우 외도와 성격차이만 나타나고 일본의 경우 경제적 무능력, 외도, 배우자와의 갈등이 모두 25%로 나타나고 학대와 폭력은 8.3%에 그치는 반면 캄보디아의 경우는 이혼·별거의 사유가 100% 학대와 폭력으로 나타나고 베트남과 필리핀의 경우 각

각 23.8%, 21.4%가 학대와 폭력으로 이혼사유 중 가장 높게 나타나고 있다. 저개발국가 출신 여성결혼이민자의 다문화가족의 경우 선진국 출신의 여성결혼이민자 다문화가족에 비하여 학대와 폭력이 높게 나타나고 있는 것은 우리나라 국제결혼의 특징인 매매혼 성격에서 그 이유를 찾을 수 있다.

자녀수별 이혼·별거 이유로는 자녀가 없는 경우에는 성격차이가 29.0%, 경제적 무능력이 19.2%로 나타났지만 자녀가 하나인 경우에는 성격차이가 28.3%, 경제적 무능력이 20.2%를 차지하였고, 자녀가 둘 이상인 경우에는 성격차이가 25.4%, 경제적 무능력이 26.1%로 자녀가 많아질수록 성격차이는 줄어드는 반면 경제적 무능력이 첫 번째 이혼사유로 꼽히고 있다.

결혼연도별로는 1990년에서 2004년까지는 성격차이와 경제적 무능력으로 인한 이혼·별거가 가장 큰 부분을 차지하고 있었으나 2005년 이후 결혼한 경우에는 학대와 폭력이 24.1%, 외도가 19.9%로 가장 많은 부분을 차지하고 있다. 이는 2000년 중반부터 베트남, 필리핀, 캄보디아 출신의 여성과 결혼비율이 높아지면서 다문화가족에서 저개발국가 출신의 여성에 대한 학대와 폭력이 증가하고 그에 따른 다문화가족 해체의 주요 요인으로 작용하고 있음을 보여주는 사례로 다문화가족 내의 학대와 폭력을 줄이기 위한 대책이 시급함을 보여주고 있다.

경제적으로 어려움을 겪고 있는 시민들을 위해 무료로 법률서비스를 제공해주고 있는 법률구조법인 한국가정법률상담소에서 2008년부터 2011년 사이의 이혼상담을 위해 가정법률상담소를 방문한 다문가족의 이혼상담 통계결과를 홈페이지에 발표하였다. 다문화가족의 이혼상담 건수는 2010년 한 해 동안 472건이 있었고, 2011년에는 2010년 대비 37.3%가 증가한 648건이었다. 통계청에서 발표한 연도별 한국 남성과 외국 여성의 혼인건수가 2005년 30,719건으로 정점을 찍은 후 해마다 감소하다가 2010년에 약간 증가하여 26,274건을 보이고 있으며 2011년도에는 다시 감소하여 22,265건으로 전년대비 15.3%의 감소율을 보이고 있는 반면 해마다 다문화가족의 이혼율을 꾸준히 증가하고 있다.

이렇듯 다문화가족의 혼인 건수는 전년에 비하여 15.3% 감소한 반면 이혼상담 건수는 37.3%나 증가해 다문화가족의 갈등이 심각한 수준에 이르고 있고 가족해체의 위기를 맞고 있음을 알 수 있었다.

이혼상담 건수가 결혼기간 5년 이상 10년 미만의 경우가 2010년 전체 상담 건수의 37.1%를 차지하고 2011년도에는 약간 감소한 34.4%를 차지하고 있다. 이는 '2009년 전국 다문화가족실태조사 연구'에서 나타난 결혼이민자의 체류 기간별 다른 한국 가족과 비교한 주관적 경제생활 수준 결과를 그대로 반영하고 있다.

여성결혼이민자의 주관적 경제생활 수준은 체류기간이 5~10년 미만인 경우에서 최하층으로 느끼는 비율이 11%로 가장 높게 나타나 다문화가족의 해체가 경제적 빈곤에 의해 상당히 영향을 받고 있음을 알 수 있다.

2010년 한국가정법률상담소에 방문한 여성결혼이민자의 상담내용 중 배우자의 부당한 대우가 37.2%로 이혼사유 중 1위를 차지하고 있고, 그 다음으로 배우자의 부정 7.8%, 경제적 어려움이 5.7%를 차지하고 있으며, 2011년의 경우에는 폭력이 32.1%로 1위를 차지하고 있고 그 다음으로 남편의 가출 12.4%, 경제적 어려움 6.9%로 나타나고 있어 다문화가족 해체의 주요 요인으로 선행연구와 통계청에서 발표한 왜곡된 정보, 경제적 문제, 문화차이, 가정폭력 등의 결과와 맥락을 같이하고 있고 '2009년 전국 다문화가족실태조사 연구'에서 나타난 다문화가족 해체의 주요 원인으로 조사된 경제적 무능력, 학대와 폭력, 외도 등과 같은 결과를 보여주고 있다.

한국가정법률상담소의 다문화가족 이혼상담 통계자료와 '2009년 전국 다문화가족실태조사 연구'에서 나타난 다문화가족 해체문제를 종합해 보면, 다문화가족의 부부 사이에 왜곡된 정보제공과 경제적 문제, 언어와 문화 차이, 그리고 가정폭력으로 인한 인권침해의 문제를 안고 있어 정부에서는 다문화가족을 해체로 이르게 하는 근본적인 문제점을 사전에 예방하고 제거할 수 있는 근본적인 정책이 필요하다.

3. 한국가정법률사무소의 혼인 · 이혼 자료

1) 국제결혼 혼인 · 이혼 추이

2010년 외국인과의 혼인은 34천 건으로(전체 혼인의 10.5%), 2005년 42천 건에 이른 후 점차 감소추세를 보이고 있으나, 2004년 이후 줄곧 10% 이상을 유지하고 있다.

〈표 9-1〉 한국인과 외국인과의 혼인 (단위 : 건, %)

	2000	2001	2002	2003	2004	2005	2006	2007	2008	2009	2010
총 혼인건수	332,090	318,407	304,877	302,503	308,598	314,304	330,634	343,559	327,715	309,759	326,104
외국인과의 혼인 (총 혼인 중 비중)	11,605	14,523	15,202	24,776	34,640	42,356	38,759	37,560	36,204	33,300	34,235
	(3.5)	(4.6)	(5.0)	(8.2)	(11.2)	(13.5)	(11.7)	(10.9)	(11.0)	(10.8)	(10.5)
증감	1,782	2,918	679	9,574	9,864	7,716	−3,597	−1,199	−1,356	−2,904	935
증감률	18.1	5.1	4.7	63.0	39.8	22.3	−8.5	−3.1	−3.6	−8.0	2.8
한국 남성+ 외국 여성	6,945	9,684	10,698	18,751	25,105	30,719	29,665	28,580	28,163	25,142	26,274
증감률	9.3	39.4	10.5	75.3	33.9	22.4	−3.4	−3.7	−1.5	−10.7	4.5
한국 여성+ 외국 남성	4,660	4,839	4,504	6,025	9,535	11,637	9,094	8,980	8,041	8,158	7,961
증감률	4.6	3.8	−6.9	33.8	58.3	22.0	−21.9	−1.3	−10.5	1.5	−2.4

출처 : 통계청.

2010년 외국인과의 이혼은 11,245건으로 전년보다는 감소하였으나 전체 이혼 중 비중은 9.6%로 전년보다 상승하였으며, 전반적으로 증가추세를 보인다.

〈표 9-2〉 한국인과 외국인과의 이혼 (단위 : 건, %)

	2000	2001	2002	2003	2004	2005	2006	2007	2008	2009	2010
총 이혼건수	119,455	134,608	144,910	166,617	138,932	128,035	124,524	124,072	116,535	123,999	116,858
외국인과의 이혼 (총 이혼 중 비중)	1,498	1,694	1,744	2,012	3,300	4,171	6,136	8,671	11,255	11,692	11,245
	(1.3)	(1.3)	(1.2)	(1.2)	(2.4)	(3.3)	(4.9)	(7.0)	(9.7)	(9.4)	(9.6)
증감	96	196	50	268	1,288	871	1,965	2,535	2,584	437	−447
증감률	6.8	13.1	3.0	15.4	64.0	26.4	47.1	41.3	29.8	3.9	−3.8

	2000	2001	2002	2003	2004	2005	2006	2007	2008	2009	2010
한국 남성+ 외국 여성	247	387	380	547	1,567	2,382	3,933	5,707	7,962	8,300	7,904
증감률	24.7	56.7	-1.8	43.9	186.5	52	65.1	45.1	39.5	4.2	-4.8
한국 여성+ 외국 남성	1,251	1,307	1,364	1,465	1,733	1,789	2,203	2,964	3,293	3,392	3,341
증감률	3.9	4.5	4.4	7.4	18.3	3.2	23.1	34.5	11.1	3.0	-1.5

출처 : 통계청.

이혼한 한국인과 외국인 부부 중 10.8%인 1천 2백 건은 이혼 당시 미성년 자녀가 있으며 2009년에 비해 증가하였다.

외국인과의 이혼 당시 미성년 자녀 총수는 1,513명이며, 이 중 한국 남성과 외국 여성 부부의 미성년 총 자녀수는 981명(64.8%)으로 지속적인 증가 추세를 보였다.

〈표 9-3〉 이혼 당시 미성년 자녀 유무별 이혼건수 및 구성비 (단위 : 건, %)

	2000	2001	2002	2003	2004	2005	2006	2007	2008	2009	2010
외국인과의 이혼*	1,498	1,694	1,744	2,012	3,300	4,171	6,136	8,671	11,255	11,692	11,245
미성년 자녀 있음	195	223	215	265	365	406	504	736	1,058	1,074	1,209
1명	133	166	153	187	254	287	351	532	763	825	943
2명	51	49	50	69	95	103	126	188	251	216	233
3명 이상	11	8	12	9	13	16	27	16	44	33	33
미성년 자녀 없음	1,227	1,379	1,445	1,643	2,807	3,617	5,503	7,800	9,785	10,326	9,823
구성비 (%)											
외국인과의 이혼*	100.0	100.0	100.0	100.0	100.0	100.0	100.0	100.0	100.0	100.0	100.0
미성년 자녀 있음	13.0	13.0	12.3	13.2	11.0	9.7	8.2	8.5	9.4	9.2	10.8
1명	8.9	9.8	8.8	9.3	7.7	6.9	5.7	6.1	6.8	7.1	8.4
2명	3.4	2.9	2.9	3.4	2.9	2.5	2.1	2.2	2.2	1.8	2.1
3명 이상	0.7	0.5	0.7	0.4	0.4	0.4	0.4	0.2	0.4	0.3	0.3
미성년 자녀 없음	81.9	81.4	82.9	81.7	85.1	86.7	89.7	90.0	86.9	88.3	87.4

* 미상 포함

출처 : 통계청.

〈표 9-4〉 이혼 당시 미성년 총 자녀수 (단위 : 건, %)

	2000	2001	2002	2003	2004	2005	2006	2007	2008	2009	2010
계	272	290	290	354	484	546	687	958	1,409	1,377	1,513
한국 남성+외국 여성	63	73	52	69	172	271	396	537	831	867	981
	(23.2%)	(25.2%)	(17.9%)	(19.5%)	(35.5%)	(49.6%)	(57.6%)	(56.1%)	(59.0%)	(63.0%)	(64.8%)
한국 여성+외국 남성	209	217	238	285	312	275	291	421	578	510	532
	(76.8%)	(74.8%)	(82.1%)	(80.5%)	(64.5%)	(50.4%)	(42.4%)	(43.9%)	(41.0%)	(37.0%)	(35.2%)

출처 : 통계청.

2) 해체 다문화가족의 생활실태

한편 2009년 전국 다문화가족실태조사 결과에 따르면 국내 여성결혼이민자 중 이혼, 사별, 이혼을 전제로 한 별거상태에 있는 '무배우자' 여성은 전체의 5.2%를 차지하고 있다.

무배우자 여성결혼이민자 중 자녀가 있는 경우는 39.8%이며, 한국계 중국인(조선족) 출신 외 여성들의 경우 자녀가 있는 경우는 47.6%이었다.

〈표 9-5〉 여성결혼이민자 자녀현황 (단위 : 명, %)

		유배우자	무배우자	무배우자 출신 국적	
				조선족	비조선족
자녀 여부	자녀 없음	39,122(37.1)	3,143(60.2)	2,032(65.5)	1,111(52.4)
	자녀 있음	66,290(62.9)	2,080(39.8)	1,072(34.5)	1,008(47.6)
	전체	105,412(100.0)	5,223(100.0)	3,104(100.0)	2,119(100.0)
자녀수*	1명	41,844(63.3)	1,285(62.1)	688(64.7)	597(59.4)
	2명	19,971(30.2)	602(29.1)	314(29.5)	288(28.7)
	3명 이상	4,278(6.5)	182(8.8)	62(5.8)	120(11.9)
	전체	66,093(100.0)	2,069(100.0)	1,064(100.0)	1,005(100.0)
자녀 연령*	2세 미만	26,840(41.9)	126(6.5)	45(4.5)	81(8.6)
	2세~5세 미만	29,381(45.9)	422(21.9)	164(16.6)	258(27.4)
	5세~7세 미만	10,349(16.2)	362(18.8)	167(16.9)	195(20.7)
	7세~12세 미만	17,733(27.7)	955(49.5)	508(51.4)	447(47.5)
	12세~18세 미만	6,019(9.4)	581(30.1)	311(31.5)	270(28.6)
	18세 이상	2,148(3.4)	357(18.5)	177(17.9)	180(19.2)
	전체	64,046	1,930	988	941

* 자녀 있는 여성 중 자녀수와 자녀연령 각각의 문항에 대한 무응답자를 제외한 수치임

출처 : 통계청.

참/고/문/헌

김아영(2011). 혼인이주여성의 법적 보호에 관한 연구 : 혼인과 이혼에서의 쟁점을 중심으로. 고려대학교 대학원 석사학위논문.

김이선 · 김민정 · 한건수(2006). 여성결혼이민자의 문화적 갈등경험과 소통증진을 위한 정책과제. 한국여성개발원.

김정순(2012). 결혼이주여성의 이혼의사결정에 영향을 미치는 요인. 대구한의대학교 대학원 박사학위논문.

박재규(2011). 국제결혼 여성이민자의 가족해체 원인 및 특성 분석. 보건사회연구, 제31권 제3호.

변화순(1998). 현대가정의 이혼실태와 제반문제. 인간발달연구, 제5권 제1호.

이명옥(2013). 다문화가족 해체 예방을 위한 지원정책 개선방안 연구－여성결혼이민자를 중심으로. 인천대학교 대학원 석사학위논문.

한국가정법률상담소(2011). 다문화가정의 이혼 실태와 법적 과제 토론회 발표자료.

Chapter

10

다문화가족의 의사소통

1. 의사소통 개념
2. 부모-자녀 간 의사소통
3. 부모-자녀 간 의사소통이 학교생활적응에 미치는 영향

| Chapter 10 | 다문화가족의 의사소통

1. 의사소통 개념

'의사소통(communication)'은 의미를 창출하고 공유하는 상징적 상호교류과정으로 인간관계에서 가장 보편적이고 기본적인 것이며 관계를 형성하고 유지하는 상호반향적 과정이며, 유기체들이 기호를 통하여 서로 정보나 메시지를 전달하고 수신해서 서로 공통된 의미를 수립하고, 나아가서는 서로의 행동에 영향을 미치는 과정 및 행동으로 정의내릴 수 있다(Galvin & Brommel, 1986). Satire(1983)는 의사소통을 '상호작용(interaction)과 교류(transaction)'를 의미하는 것으로, 의미를 교환할 때 사람들에 의해 사용되는 온갖 상징과 행동적 암시를 내포하고 있다고 한다.

의사소통은 학자마다 다르게 정의하고 있기 때문에, 의사소통 개념에 관한 정의를 살펴볼 필요가 있다. 의사소통에 대한 국외학자들의 정의는 아래와 같다.

Hovland(1953)는 의사소통이란 한 개인(communitor)이 다른 사람들(수용자)의 행동을 변용시키기 위하여 자극(언어적 자극)을 보내는 과정이라고 하였다.

또한 Gross(1980)에 의하면 의사소통은 인간관계에서 가장 보편적이며 기본적인 것으로 사람들 간에 태도, 사실, 믿음, 생각을 전달하는 과정으로 상호 대화를 통해 서로에게 영향을 주고, 서로를 이해하는 모든 수단을 포함하는 것이라고 규정하였다.

Cooley(1902)는 의사소통은 인간관계를 성립시키고 발달시키는 메커니즘을 의미하며, 이것은 정신의 모든 상징을 공간과 시간을 초월하여 보존시키는 수단이라 하였다.

Myress와 Myers(1973)는 의사소통은 개인의 인간성과 다른 사람과의 관계를 발전시키고, 자극과 반응, 수신자와 송신자, 메시지, 기호화 과정, 기호, 해독과정, 피드백, 자각, 자기표현 등으로 구성된 인간관계의 매개체이며, 과거, 현재, 미래를 거쳐 계속되는 것이라 하였다.

Gross와 그의 동료들(1980)은 의사소통이란 사람들 간에 믿음, 생각뿐 아니라 감정, 태도까지 전달하는 정서적 과정으로 상호 대화를 통해 서로에게 영향을 주고 서로를 이해하는 모든 수단을 포함한다고 하였다.

의사소통의 개념에 관한 국내 연구를 살펴보면 다음과 같다. 이진용(1990)은 둘 혹은 그 이상의 사람들 사이에 사실, 생각, 의견, 감정의 교환을 통하여 공통적 이해를 이룩하고 수용자 측의 의식이나 태도 혹은 행동의 변화를 일으키게 하는 일련의 행동이라 할 수 있다고 정의하였다. 또한 박연호(1980)는 생각, 의견 또는 감정의 교환을 통해 공통적 이해를 이룩하고, 수용자 측의 의식이나 태도 또는 행동의 변화를 일으키게 하는 일련의 행동으로 상호 간의 공통적 이해가 중심이라고 한다. 차배근(1995)은 의사소통이란 둘 이상의 사람이 서로의 정보, 지식, 경험, 사상, 신념, 감정 등을 공통화하거나 공유하는 것이라고 하였다.

학자들이 내린 정의에 비추어 볼 때, '의사소통(communication)'이란 자신의 생각이나 감정과 의견을 언어적 · 비언어적 매개체를 통해 전달하여 상호 간의 행동 또는 태도에 영향을 미치는 과정이라고 정의할 수 있다.

2. 부모-자녀 간 의사소통

1) 다문화가정 부모-자녀 간 의사소통

인간은 태어나면서 동시에 최초의 환경인 가정을 접하게 된다. 가정은 최초의 사회공동체이고, 신체적 · 심리적 발달이 일어나는 성장의 장소이다. 특히 부모-자녀관계는 인간의 성장발달과 행동양식을 학습하는 데 중요한 결정요인으로(장영애 · 박정희, 2008), 개인의 성장과정에서 가족들과 상호작용, 그 중에서 부모-자녀관계를 어떻게 경험하였는가는 아동의 성격 형성이나 지적 발달에 직접적으로 영향을 미치는 중요한 변인이라 할 수 있다(Skeels, 1966).

이때 부모-자녀의 관계는 주로 의사소통을 통해서 이루어진다. 부모-자녀 간의 의사소통은 부모와 자녀 사이의 상호작용에서 서로의 정보, 지식, 경험, 사상, 신념, 감정 등을 공통화하거나 공유화하기 위해 의도적으로 행하는 상징적이고 교호작용적인 과정이다(장해순 · 강태완, 2005). 즉, 부모-자녀 간 의사소통은 관계를 강화 또는 악화시키는 매개체 중 가장 중요한 것이며 태도나 생각 등을 전달시켜 주는 인간관계의 핵심적인 요소이다(Thomas, 1977). 부모-자녀 간 의사소통이 원활할 경우 자녀의 적응 수준이 높게 되고(Tesser, 1989), 가정 안에서 부모-자녀 간 의사소통을 자녀가 어떻게 지각하느냐에 따라 자녀의 대인관계, 정서발달에도 영향을 주게 된다.

하지만 급속히 변화하는 시대에서 잦은 신조어의 출현과 세대 간 차이 등은 부모-자녀 간 의사소통을 어렵게 할 뿐 아니라, 대화의 단절을 초래하는 원인을 제공하고 있다. 이와 더불어 다문화가정은 부모-자녀 간 문화 및 언어 차이, 부부사이 간의 문화적 차이로 자녀 양육의 어려움을 겪고 있다. 특히 다문화가정은 한국에 입국하여 결혼을 하기까지는 한국어를 습득하기에 충분한 기간을 갖지 못한 대다수의 외국인 부모는 한국어를 충분히 습득하지 못했다. 이때 한국어를 잘못 습득한 어머니의 경우 양육과정에서 문법적으로 바르지 못하거나 음운론적, 의미론적, 화용론적인 오류를 아동에게 언어 환경으로 제공할 가능성이 크다(정은희, 2004). 즉, 언어는 단순히 의미를 전달하는 것 이상으로 가치와 태도, 문화를 전달하는 수단이고 관계를 형성하는 구성요소인데, 다문화가정의 이중언어의 사용은 부모-자녀 간 의사소통의 혼란의 원인을 제공한다. 그리고 부모의 언어능력의 부족은 부모-자녀 간 생각이나 감정을 전달하는 과정에서 어려움을 제공할 뿐만 아니라, 자녀들이 타인과의 관계에서도 자신의 생각이나 의견을 전달하는 과정에서 소극적인 태도로 인간관계를 형성할 원인을 제공할 수 있다.

또한 다문화가정 어머니-아동 상호작용의 질적 측면에서도 일반 가정과 다른 모습이 나타났다. 다문화가정 어머니는 일반 가정 어머니보다 수동적이며 무관심한 태도를 보였으며, 과제에 대한 적절한 지도와 자극을 덜 제공하였고, 아동의 자율성을 존중하기보다는 강압적으로 자신의 기대를 전달하는 것으로 나타났다. 또한 다문화가정의 어머니와 아동은 함께 공동의 목표를 세우고 이를 지속하는데 어려움을 보였으며, 서로 긍정적인 정서를 표현하고 상호작용 활동에 적극적으로 참여하는 정도도 일반 가정보다 낮다는 것이 확인되었다(곽금주, 2008).

이처럼 다문화가정 자녀들은 부모의 한국어 사용능력 차이, 자신의 감정전달과 표현의 차이로 인해 원활하지 않은 의사소통이 이루어지고 있다. 이는 다문화가정 자녀들의 학업적·관계적·심리적 영역에 중요한 영향을 주고 있기 때문에 다문화가정 자녀들의 부모-자녀의 의사소통에 관심을 가져야 할 필요성을 의미한다.

2) 부모-자녀 간 의사소통 유형

의사소통 유형은 시대마다 학자들이 다양하게 정의하고 있으나, 대부분 상호 간의 의사소통이 긍정적인 혹은 부정적인 영향을 끼치는지에 대해 개방형 의사소통과 문제형 의사소통으로 분류하고 있음을 알 수 있다. 학자들마다 정의한 부모-자녀 간 의사소통 유형은 아래와 같다.

Becker(1964)는 부모-자녀 간 의사소통 유형을 온정-적대, 제한-허용으로 구분한 후 '온정'에는 수용, 애정, 승인, 이해, 자녀중심의 행동, 빈번한 설명, 의존적 행동에 대한 긍정적 반응, 칭찬 등을 포함시켰으며, '적대'에는 거부,

질책, 부모의 부정적 반응 등을 포함하였다. '제한'에는 자녀들의 예의범절, 배변연습, 정리정돈, 소란 등에 대한 부모의 통제를, '허용'에는 자녀들의 행동에 대해 스스로 일을 처리할 수 있는 기회의 부여를 들었다.

Bernstein(1971)은 가족역할체계에 초점을 맞추어 의사소통 유형을 지위 지향성과 인성 지향성으로 분류하였다. 지위 지향성은 각 개인의 사회적 지위에 입각하여 제한된 언어를 사용하며 개인의 행동이 역할기대에 의해 통제되어서, 폐쇄적 의사소통 양식을 가지게 된다. 반면 인성 지향성은 가족 구성원의 귀족적 지위보다는 심리적 속성이나 상황에 따라 역할이 매우 달라지므로, 조건에 따라 변할 수 있는 융통성과 개방적 의사소통 양식을 가지게 된다.

Gordon(1975)은 의사소통 유형을 전달자를 중심으로 한 너-전달법(You-Message)과 나-전달법(I-Message)으로 분류하였다. 이를 부모-자녀 간 의사소통의 관점에서 살펴보면 너-전달법은 명령, 경고, 설교 등의 형태로 자녀에게 무언가를 지시하거나 평가, 비난하는 경우가 많아 자녀는 이를 통해 거부감을 갖게 되고, 부모는 자신의 입장을 효과적으로 전달하기 어렵게 만든다. 반면 나-전달법은 자녀의 행동에 대해 자신이 어떻게 느끼는지를 전달함으로써 부모의 입장 및 느낌을 알려줄 수 있을 뿐만 아니라, 자녀가 어떤 감정을 품고 있을 때 자신의 감정을 표현할 수 있는 효과를 가지게 한다(장은지, 2010).

Rohner(1991)는 부모-자녀 간 의사소통 유형을 수용-거부 이론(PART : Parental Acceptance-Rejection Theory)으로 청소년의 행동, 인지, 정서발달에 있어서 성인으로 성장했을 때의 성격에 대해 부모의 수용과 거부의 결과를 설명하고 예측하려는 데 초점을 두었다.

Rosers(1961)는 자녀의 보다 긍정적인 성장을 위해서는 부모와 자녀 간에 촉진적 의사소통이 이루어져야 함을 강조했다. 촉진적 의사소통은 기본적인 조력관계를 형성, 유지하고 이를 바탕으로 개인의 내면적 세계를 이해, 탐색하여 문제 상황을 규명하고 명료화함으로써 스스로 자신의 문제를 해결해 나가도록 도와주는 데 초점을 두고 있다. 이 조력 활동은 인간의 성장과 발달을 촉진하는 요소를 증대시키고 반면에 성장과 발달을 저해하는 요소를 감소 내지 제거시킬 수 있는 진정한 인간적 만남을 전제로 하는 활동이다.

Barnes와 Olson(1982)은 부모-자녀 간의 의사소통과 부부와 가족체계의 순환 모형(Circumplex Model)을 기초하여 가족의 응집성과 적응성을 측정하고자 개방형 의사소통(open in family communication)과 문제형 의사소통(problems in family communication)으로 의사소통을 나누었다. 두 가지 유형은 기능적 수준에 따라 나뉘는데, 기능적인 가족은 분명한 의사소통망을 성립하고 유지하는 방법을 발전시키고 상호 간의 긍정적 피드백을 주고받음으로써 의사소통을 하게 된다. 의사소통 유형에 관한 대부분의 연구가 부부간의 의사소통에 역점을 둔 것에 비해 이 유형은 각기 다른 가족 구성원, 즉 부부나 한 자녀가 경험한 가족 의사소통의 측면들을 측정한 것이다(이은자, 2005).

개방형 의사소통은 부모에 의해 억압받지 않고, 자신의 감정을 자유롭게 표현하고, 모순되지 않는 메시지를 전달하는 의사소통이다. 반면 문제형 의사소통은 주제 선택에 조심하고, 의사소통을 주저하여 원활하게 이루어지지 않고, 일치되지 않는 모순된 메시지를 전달하고, 상호 간의 부정적인 의사소통을 하는 역기능적 의사소통을 의미한다.

개방형 의사소통은 자녀의 적응수준을 높이고, 자아정체감과 주관을 형성하며, 주의집중을 방해하거나 게임에 중독되는 것을 예방하는 데 도움을 주고(Tesseret, 1989; 김지현, 1996; 김홍규·최재향, 2006; 이경님, 2003), 자녀는 자신이 행복한 가정에 살고 있다고 생각하며, 부모님은 내가 어려운 일에 처해 있을 때 언제든지 자신을 도와줄 수 있다는 믿음을 갖게 됨으로써 가정적 자아가 높다(신희이·문혁준, 2009).

반면 문제형 의사소통을 하는 가족들은 상대의 의견을 경청하지 않거나 긍정적인 반응을 하지 않으며, 새로운 상황에 적절히 행동할 수 있는 기술 및 능력이 부족하다(김지연, 2003). 또한 모-자녀 간 상호 차단 혹은 한쪽이 일방적으로 차단하는 폐쇄적 의사소통을 할수록 언쟁이나 폭력 행동이 더 빈번하게 나타나고(최남선, 1990), 자녀가 아버지와의 의사소통이 폐쇄적이라고 지각할수록 우울성향이 더 높다(임정숙, 2000). 신희이·문혁준(2009)은 문제형 의사소통을 할수록 자녀가 부모로부터 지지받지 못하고 자신에 대한 무기력감과 소중한 존재로서의 가치를 발견하지 못함으로써 자신에 대한 일반적 자아개념이 낮아진다고 하였다.

3. 부모-자녀 간 의사소통이 학교생활적응에 미치는 영향

가정은 학생이 사회 구성원으로서 살아가도록 성장을 돕고, 신체적 · 정신적 · 심리적 발달이 시작되는 최초의 환경이다. 아동은 가정을 통해 대인관계와 사회의 구성원으로서 인격의 기초가 이루어지고 성격의 근본이 형성된다(민숙정, 1990). 또한 가족의 심리적 환경 중 아동의 행동문제와 중요한 관련이 있는 변수는 부모-자녀 간 의사소통 정도이다(김연희, 2005). 이런 부모-자녀 간 의사소통은 자녀의 학교생활적응에 직접적 혹은 간접적으로 영향을 미치고 있는데, 부모-자녀 간의 의사소통과 학교생활적응 간의 관련성에 관해 살펴보면 아래와 같다.

이양숙(2008)과 이경님(2003)은 어머니의 개방형 의사소통은 아동의 학교적응에 직접적 영향을 미치고, 개방형 의사소통을 할수록 학교생활적응도 높아진다고 하였다.

장영애 · 박정희(2008)의 연구에서도 부모가 자녀와 서로 솔직하고 자유롭게 대화를 나눌수록 자녀는 학교수업에 충실할 수 있음을 보고하였다. 특히 부모의 양육행동보다는 부모와의 의사소통 유형이 자녀의 학교 생활적응과 더 상관관계가 높은 것으로 나타났는데, 자유롭게 의사소통하는 자녀들의 경우 학교생활에 적응을 잘 하는 반면, 부모와의 의사소통에 어려움이 있고 역기능적인 의사소통을 하는 경우에는 학교생활에서 여러 가지 문제들을 노출할 가능성이 있음을 시사받을 수 있었다.

박현선(1998)은 부모가 자녀의 미래에 대한 낙관적인 견해를 가지고, 유능하고 애정적이며 자녀와 부모가 가치를 공유하고, 가족 내 의사소통이 적절하게 이루어지며, 가족응집력과 부모 및 자녀의 역할이 잘 규정되어 있는 가족이 보호적 기능을 하여 학교적응을 향상시킨다고 보고하였다. 또한 백경숙 · 권용신(2004)에 의하면 부모-자녀 간 관계가 긍정적이고 개방적일 때 자녀들이 학교생활에 잘 적응하며, 학교 내에서 교사와의 관계, 교우관계, 학교수업 등에 중요한 영향을 미친다고 보고하였다. 박순희 · 조원탁 · 이주희(2008)도 의사소통에 대한 자신감이 높을수록 학업수행 수준이 높다고 하였다.

이처럼 가족의 기능이 긍정적이고, 부모-자녀 사이에 개방적이고 수용적인 의사소통이 이루어질수록 학교적응이 높다는 결과가 나타났다(임정아 · 이인수, 2006; 유안진 · 이점숙 · 서주현, 2004; 이경님, 2003; 남민숙, 2006). 반면 문제형 의사소통은 다문화가정 자녀의 학교생활적응의 부적으로 상관이 높다는 결과를 보이고 있다(장영애 · 박정희, 2008).

학교생활적응에 영향을 미치는 하위변인에 관해 살펴보면, 백경숙 · 권용신(2004)은 부모와의 개방형 의사소통을 할수록 교사관계, 교우관계, 학교수업에 긍정적인 영향을 미치지만, 학교규칙에는 영향을 미치지 않는다고 밝혔고, 이경님(2003)은 문제형 의사소통은 교사관계, 교우관계, 학교규칙에 긍정적이지 않은 영향을 주지만, 학교수업에는 영향을 주지 않는다고 나타났다.

반면 남민숙(2006)은 아버지의 개방형 의사소통은 학교규칙을 잘 준수하는 데 도움이 되었다고 밝혔다. 이를 통해서 부모-자녀 간 의사소통 유형이 다문화가정 자녀의 학교생활적응에 영향을 미치는 데 일관되지 못한 결과를 나타내고 있는 것을 알 수 있다.

즉, 부모-자녀 간 의사소통이 학교생활적응에 영향을 미치는 데 심리적 매개변인이 작용하는 것을 예측할 수 있고, 매개 변인이 주는 영향을 살펴봄으로써 다문화가정 자녀들이 학교생활적응을 잘 하도록 돕는 데 중요한 자원을 확인할 수 있을 것이다.

참/고/문/헌

곽금주(2008). 통합심포지엄 : 다인종, 다문화 시대 한국 사회의 심리학적 과제와 전망; 다문화가정 아동의 발달과 적응 : 다문화가정에서의 부모-자녀 간의 상호작용 패턴과 그 효과를 중심으로. 연차학술발표대회논문집.

김연희(2005). 사회복귀시설 서비스 이용자의 참여경험에 관한 현상학적 연구. 정신보건과 사회사업, 제19권.

김지연(2003). 아동이 지각한 부모-자녀 간 의사소통 유형과 자아존중감이 아동의 문제행동에 미치는 영향. 서울여자대학교 대학원 석사학위논문.

김지현(1996). 서울지역 중학교 학생의 가정환경과 학교적응의 관계 연구. 숙명여자대학교 대학원 석사학위논문.

남민숙(2006). 아동이 지각한 부모-자녀 간의 의사소통유형과 학교적응의 관계. 춘천교육대학교 대학원 석사학위논문.

민숙정(1990). 부모의 양육태도에 따른 청소년의 성취동기. 이화여자대학교 대학원 석사학위논문.

박순희 · 조원탁 · 이주희(2008). 다문화가족 자녀의 사회적응과 관련변인 연구. 한국지역사회복지학, 제27호.

박현선(1998). 빈곤청소년의 학교 적응 유연성. 서울대학교 대학원 박사학위논문.

백경숙 · 권용신(2004). 부모-자녀 간 의사소통 유형이 청소년자녀의 학교생활적응에 미치는 영향. 청소년복지연구, 제6권 제2호.

신희이 · 문혁준(2009). 부모-자녀 간의 의사소통 유형 및 아동의 자아개념과 또래관계. 아동학회지, 제30권 제4호.

유안진 · 이점숙 · 서주현(2004). 청소년의 부모 양육행동 지각과 학교적응과의 관계. 한국가족관계학회지, 제9권 제3호.

이경님(2003). 아동이 지각한 어머니와의 의사소통과 자아존중감이 학교적응에 미치는 영향. 생활과학연구논문집, 제11집.

이양숙(2008). 아동이 지각한 부모-자녀 간 의사소통 유형과 자기효능감 및 학교생활 적응과의 관계 분석. 춘천교육대학교 대학원 석사학위논문.

이은자(2004). 중학생이 지각한 부모의 의사소통유형과 가정생활 및 학교 적응과의 관계. 대전대학교 대학원 석사학위논문.

임정숙(2000). 대구광역시 초등학교 수업연구교사의 장학역할 수행의 실태와 개선방안.

경북대학교 대학원 석사학위논문.
임정아・이인수(2006). 청소년기의 가족건강성과 학교적응 연구. 아동교육, 제15권 제2호.
장영애・박정희(2008). 부모의 양육행동 및 부모 자녀 간 의사소통이 아동의 학교생활 적응에 미치는 영향. 한국가족복지학, 제13권 제2호.
장은지(2010). 아동의 내외통제성, 스트레스 대처행동 및 부모-자녀 간 의사소통이 아동의 분노표현방식에 미치는 영향. 연세대학교 대학원 석사학위논문.
장해순・강태완(2005). 부모-자녀 간 의사소통이 자녀의 자아존중감과 자기효능감에 미치는 영향. 커뮤니케이션학연구, 제13권 제2호.
정은희(2004). 아동이 지각한 부부갈등, 아동의 공격성과 또래 괴롭힘 가해 및 피해와의 관계. 한국가정관리학회지, 제22권 제4호.

Chapter

11

다문화가족의 자녀상담

1. 다문화 자녀의 등장
2. 다문화 청소년의 정의
3. 다문화 청소년 현황
4. 다문화 청소년 특성
5. 다문화 청소년의 위기
6. 다문화가족 자녀의 문화적응스트레스와 학교적응
7. 다문화 청소년의 적응
8. 다문화 청소년 상담의 필요성
9. 다문화 청소년 상담의 방향

| Chapter 11 |

다문화가족의 자녀상담

1. 다문화 자녀의 등장

최근 한국 사회에서 이주민의 인구비율이 2.2%를 넘어서면서 이주민과 다문화에 대한 사회적 관심이 높아지고 있다. 다양한 문화적 배경을 가진 사람들이 우리의 가족으로, 이웃으로, 우리 사회 구성원으로 더불어 살아가는 사회가 되고 있다. 1990년대 외국인근로자의 노동이주로 시작되어 2000년대 초반 동남아시아 여성들의 결혼이주, 2000년대 중반 이후 중국 등 외국인 유학생들의 교육이주, 그리고 북한체제로부터 정치적·경제적 이유로 탈출해 오는 북한주민의 이주 등 한국 사회에는 다양한 형태의 이주가 진행되고 있다. 이주민과 이주가정의 증가는 다른 한편 우리 사회에 다양한 이주배경의 청소년 본인의 이주경험 또는 부모가 이주경험이 있는 청소년(국제결혼의 자녀, 외국인근로자 가정의 자녀, 북한이탈주민의 자녀, 난민자녀 등)의 등장을 의미한다.

하지만 아직 우리 사회는 이방인에 대한 차별과 편견의 벽이 높기 때문에 이주민들이 한국 사회에서 겪어야 하는 어려움이 많다. 그러나 이주 경험 자체가 주는 스트레스와 새로운 환경에 적응해야 하는 이주배경 청소년이 겪는 어려움에 대해서는 아직까지 학문적, 정책적 관심이 미흡한 편이다. 이런 상황에서 '다문화가족의 행복을 위한 정신건강 향상 국제심포지엄'의 기획과 개최는 정신건강 문제를 다문화담론에 포함하여 논의할 수 있는 계기를 마련해 주었다는 점에서 그 의미가 있다.

1) 이주가정의 문제 / 청소년시기의 문제

이주배경 아동청소년의 어려움은 이주 가정의 문제와 청소년 시기의 문제, 이 두 측면에서 살펴보아야 한다. 청소년기는 사춘기에 시작해서 성인기의 시작과 함께 끝이 나는 아동기와 청소년 사이의 과도기에 해당한다. 청소년기는 신체적 변화적응문제, 부모와의 갈등, 심리적 독립문제, 자아주체성의 확립문제, 친구관계 및 또래집단문제, 이성 등의 문제들이 나타날 수 있다. 이러한 문제들은 적응장애, 불안장애, 우울장애 등 심리정신적 문제를 야기할 수 있다. 탈북청소년의 경우에는 이러한 청소년기의 특징적 발달과제와 함께 사회문화적인 환경의 급격한 변화도 경험하게 된다.

한국에서 대표적인 이주가정의 유형인 결혼이주가정의 경우, 계층적으로 최저생계비 이하의 가정이 반 이상이 되어 경제적 어려움을 겪고 있다. 또한 최근에 이혼의 급증으로 예민한 청소년 시기에 부모와의 원치 않는 이별, 분리 등으로 특히 정서적 어려움을 겪을 가능성이 높다. 학교에 다니는 청소년의 경우, 학교에서 놀림이나 차별을 경험하기도 한다(20.8%, 2010년 경기도). 놀림이나 차별의 이유는 '부모가 외국인이기 때문에'가 36.8%, '특별한 이유 없이' 29.4% 등으로 결혼이주가정 청소년의 태도나 행동, 의사소통 등의 문제보다 단순히 부모가 외국인이거나 특별한 이유 없이 차별과 따돌림을 당하고 있어 문제가 심각하다. 결혼이주가정 자녀의 42%가 학업중단 충동의 경험이 있다고 하는데, 이는 2007년 대비 2010년에는 15%가 증가한 것이다.

2) 중도입국 청소년의 심리적 어려움

최근에 새로운 형태의 결혼이민자 가정의 청소년이 늘어나고 있다. 이제껏 결혼이민자 가정의 자녀라고 하면 부모 중 한 명이 외국태생이며 '한국에서' 태어난 자녀들을 의미하는 경우가 많았다. 하지만 최근 들어 외국인 여성이 한국인 남성과 재혼하여 여성의 본국에서 살고 있던 자녀를 한국으로 이주시키는 경우가 나타난다. 또한 한국에서 태어났지만 여러 가지 사정으로 어머니의 나라로 보내져 어린 시절을 보내다가 10대 중・후반의 나이에 다시 한국으로 입국하는 아이들도 볼 수 있다. 이들은 본인의 의사와는 무관하게 주로 어머니의 결혼이나 가족의 결정에 따라 이주하는 경우가 많다. 한국으로 (재)입국하는 나이가 10대 중・후반일 때는 대부분 한국이나 한국문화에 쉽게 적응하기 어렵다. 갑자기 낯선 땅에 도착한 청소년들은 낯선 언어와 낯선 가족과의 관계로 인한 심한 스트레스를 겪으며, 또래 친구들이 없는 상태에서 사회적 고립과 소외를 경험한다. 그나마 학교에 가게 된 경우에도 언어가 서투르기 때문에 본인의 나이에 맞는 학년으로 입학하지 못하고 적게는 두세 살 어린 나이의 학생들과 학교를 다니면서 학교생활에서 많은 스트레스를 겪는 사례가 있으며 또한 자신이 태어난 나라의 언어를 사용하거나 교육받을 기회가 없어서, 모국어를 잊어버리는 등 정체성에 혼란을 경험한다.

[사례] 중도 입국한 20세의 B군(남), 중국에서 2008년에 입국, 우울증과 게임중독

10세 때 아버지의 도박중독으로 인해 부모가 이혼한 후 어머니가 먼저 한국으로 떠나면서 중국에서 혼자서 학교 기숙사와 친척 집에서 거주하게 되었다. 부모와 떨어져 살면서 학교를 제대로 다니지 않고, 방황을 한다는 소식을 듣고 어머니가 B군을 한국으로 데려오게 되었다. 그러나 한국에서 어머니는 경제적으로 어렵기 때문에 일용직으로 매일 일을 하러 나가야 해서 B군을 제대로 돌봐줄 수 없는 상황이었다. B군은 한국어를 할 수 없기 때문에 혼자서 외출을 하지 않고 하루 종일 집에서 누워있거나 게임에만 집중하여 게임중독에 빠졌다. 일상적인 활동을 하지 않고, 집에만 있어서 어머니가 병원에 데리고 갔더니 의사가 우울증으로 진단하였다.

3) 북한이탈 청소년들이 겪는 심리적 어려움

2002년에는 1년간 입국한 북한 주민의 수가 1,000명을 넘은 이후 매년 증가하여 2008년 한 해에만도 2,800명이 입국했으며 2010년 3월 현재 총 입국자수는 약 1만 7,000명에 달한다. 전체 북에서 온 사람들 중에서 약 20퍼센트에 해당하는 청소년들은 입국 후 오랜 학습 공백과 언어・문화적 차이, 사회적 편견 등으로 인한 어려움을 겪고 있다. 특히 남북한 학교 제도가 근본적으로 다르고 언어적 차이도 상당하여 학교에 적응하기가 쉽지 않다. 이러한 이유들 때문에

학교에 적응하지 못하고, 정규교육에서 중도 탈락하는 비율이 남한 청소년들에 비해 6배 이상 높은 것이 사실이다.

북한에서 겪는 기아의 고난과 가족의 생이별 경험, 탈북과정과 중국 체류기간에 겪는 극심한 공포 등이 원인이 되어 외상 후 스트레스 장애의 한 증상으로 불안한 상태를 보인다. 다른 한편에서 북한이탈 청소년들이 겪는 어려움의 하나는 어린 나이에 경험한 탈출과 도피, 은신과 방황으로 인해 심리적 정서적 상처를 입었으며 그 상처를 치유할 여유도 없이 한국 사회 적응이라는 어려움을 또 겪어야 한다는 점이다.

"가끔 과거 북한에서의 안 좋은 기억들이 되살아나 너무 힘들 때가 있다"

북에서 온 친구들은 다른 나라 출신의 이주청소년들보다 더 큰 정체성의 혼란을 겪고 있다. 남한 사회의 북한에 대한 뿌리 깊은 편견 때문에 이들 중 상당수가 스스로 북한 출신임을 구태여 드러내지 않고 살고 있다. 자신을 어떻게 드러내느냐, 어디까지 드러내느냐 하는 것은 각 개인이 선택해야 하는 몫이지만, 선택의 과정에서 친구들이 겪는 어려움과 혼란이 상당히 크다.

"친구들이 북한 사람들에 대한 편견 가질까봐 행동을 더 조심하게 되는데 이럴 때 너무 조심해서 뭘 하든지 자신감이 없어질 때도 있다."
"어중간하게 끼어있는 느낌? 어딜 가도 이방인 같아요. 그런 혼란 때문에 엄청 많이 고민했었어요. 북한 사람도 아닌데, 그렇다고 한국 사람도 아닌 것 같아요."

【사례】

15세인 김군은 8살 때 북에서 부모님이 이혼한 후 어머니는 탈북을 하고, 아버지와 살고 있다가 11살 때 아버지가 재혼하여 새어머니, 이복형과 함께 살다가 집안 형편이 좋지 않아서 학교교육은 거의 받지 못했다. 이후 어머니가 김군을 탈북시켜 중국에서 함께 살다가 남한으로 들어왔다. 중국에서의 기억은 사이렌 소리가 들리면 어머니와 숨어 지내다 다른 곳으로 피신하던 것과 어머니가 힘들게 일하던 기억뿐이라고 한다. 어머니와 동반 입국을 한 지 7개월 만에 어머니가 암으로 돌아가셨는데, 김군은 어머니의 죽음을 받아들이지 못한 채(부인) 아직도 북에 살아 계신다고 믿고 있다. 어머니가 돌아가셨는데도 하나도 울지 않았다고 김군을 돌봐주고 있는 이모는 김군을 미워한다. 김군은 이모와 살기 때문에 더 잘해야 한다고 생각하지만, 이모가 성적이나 여러 가지 측면에서 사촌동생과 늘 비교해서 말하는 것이 너무 싫어서 이모와 자주 다투고, 가출을 한 적이 있다.

2. 다문화 청소년의 정의

1) 다문화가족에 대한 정의

광의의 개념으로 자국 내 거주하는 모든 외국인 가족을, 협의의 개념으로는 가족 중 한 명이 국적을 취득해 구성된 가족을 의미한다.

2) 다문화 청소년에 대한 개념적 정의

국제결혼으로 인해 다양한 문화적 배경을 가진 가정에서 성장한 청소년과 국가 간 이주로 한국 사회에 편입하여 문화적 전환을 경험하는 청소년이라 할 수 있다.

3. 다문화 청소년 현황

1) 다문화 청소년 현황

(1) 다문화가정 현황

외국계 주민 수는 지속적으로 증가 중이며 외국계 주민 유형별로는 외국인 근로자(49%)와 국제결혼이민자(11%)가 다수를 차지하고 있다.

(2) 다문화가정 자녀 현황

지속적인 결혼이민자 증가에 따라 모든 학령기에서 결혼이민자의 자녀 수도 증가할 예정이다. 그러나 외국인근로자 자녀의 경우 학교 밖 취학연령대 아동에 대해서는 파악이 어려운 실정이다.

교육행정시스템 재학 여부 대조를 바탕으로 지속적인 국제결혼가정 자녀의 27%가 탈학교 상태라는 주장 제기되고 있다(원희목 의원실, 2010).

현재까지 행정안전부, 교육과학기술부, 보건복지부를 통해 발표된 다문화가족 자녀의 통계가 서로 상이하여 정확한 탈 학교 비율 파악이 어려운 실정이다(국회다문화가족정책연구포럼, 2011).

(3) 다문화가족 청소년 지원현황

유엔아동권리협약, 다문화가족지원법, 재한외국인처우기본법, 초중등교육법 등이 제정되어 시행되고 있으나 법과 제도의 실효성 확보가 어려우며, 관련법에서 명시하고 있는 다문화가족의 범위가 제한되어 있어 다양한 다문화가족 자녀의 생활과 교육지원에 관한 법적 근거가 미비하다.

여성가족부와 교육부를 중심으로 서비스 국방부 직할부대 및 기관이 운영되고 교육지원 및 복지지원이 이루어지고 있으나 다문화 청소년을 위한 지원체계 구축 및 구체적인 프로그램 보급은 부족한 실정이다.

4. 다문화 청소년 특성

다문화 청소년 특성 파악을 위해 다문화 청소년의 다문화적 특수성과 청소년기의 발달적 특성을 동시에 고려해야 한다.

1) 다문화 청소년의 환경적 특성

이주의 성격에 따라 한 사회와 관계 맺는 양식이 달라지고 있다(김정원, 2006). 국제결혼가정의 경우 본인들은 이주경험이 없는 경우가 많으며, 이주노동자가

정의 경우 이주 배경의 불법, 적법 여부에 따라 경험하는 이주양상이 달라지며, 이주과정에서 부모와 떨어져 지내는 기간이 발생하고 있다.

새터민 청소년의 경우 탈북과정에서의 끊임없는 위기적 사건들을 경험하고 있다.

2) 다문화 청소년의 사회·경제적 특성

농촌 사회 구성원이거나 도시 하류층 계급으로 사회경제적으로 취약한 경우가 많다. 결혼이민자들의 30%가 빈곤 경험을 가지고 있다(한국보건사회연구원, 2010).

이주노동자의 경우 한국 입국 과정에서 거액의 빚을 지는 경우가 많으며 미등록 체류자 신분의 경우 교육 및 의료 등에 있어 기본권 행사가 안 되고 있다.

새터민의 경우 새터민의 가구소득은 남한 주민의 약 70% 수준에 이르고 있다(김연희 외, 2009).

다문화 청소년들은 사회·경제적 측면에 있어 저소득층 가정의 청소년들과 유사한 특성을 가질 수 있으므로 사회경제적 맥락에 대한 고려가 요구된다.

3) 다문화 청소년의 가족적 특성

국제결혼가정 어머니의 경우 높은 양육스트레스, 낮은 양육 효능감을 보이는 경향성이 있으며(김지현 외, 2010; 서흥란 외, 2008), 가족 간 문화 차이로 인해 양육주체에서 소외됨을 느끼기도 하나 외국인 어머니로서의 갈등 속에서도 다양한 전략과 시도를 나타나고 있다(송미경 외, 2008).

새터민 가정의 경우 부모-자녀 간 세대 갈등이 있는 것으로 나타났다(오주리·이수연, 2010).

4) 다문화 청소년의 발달적 특성

- 청소년기의 급격한 신체적 변화 : 성장폭발(growth spurt)
- 아동기와 질적으로 다른 인지적 사고 가능 : 형식적 조작기
- 사회인지적으로 자아중심성이 특징적으로 나타남

- 또래관계의 중요성 확대
- 자아정체감 위기 시작
  - 정체감 갈등은 다양한 문화를 경험한 다문화 청소년에게 심각한 위기로 다가올 수도 있으나, 자신에 대한 통합된 정체감을 가지는 기회로 활용된다면 건강한 성인기로의 이행에 초석이 될 수 있다.

5. 다문화 청소년의 위기

일반 학생 부모 출신국별 위기요소(개인, 가정, 학교, 또래, 지역사회 위험요인) 분포를 살펴본 결과 두 분 모두 한국인인 학생들의 고위험군 비율보다 다문화 청소년의 고위험군 비율이 전반적으로 높게 나타났다(한국청소년상담원, 2010).

위기결과(실제 위험요인 실행 여부) 경험 비율에 있어서도 부모님이 두 분 모두 한국인인 청소년보다 다문화 청소년들의 위기결과 해당 비율이 더 높게 나타났다(한국청소년상담원, 2010).

6. 다문화가족 자녀의 문화적응스트레스와 학교적응

다문화가족의 자녀들은 두 가지 언어와 문화를 습득해야 하는 문화적응의 과업을 갖게 된다. 이러한 두 개의 서로 다른 문화와 언어의 습득은 다문화가족의 자녀들에게 있어서 중요하며 반드시 거쳐야 하는 중요한 사건이 된다(Lynch,1992). 두 개의 서로 다른 문화와 언어에 대한 적응은 다문화가족 자녀들의 삶과 밀접한 관련을 가지는데(Murphy, 1977, 이영주, 2007 재인용), 학교적응과 심리사회적 발달의 측면과 관련한다(Castro, 2003; Phinney, 1990; 1997). 다문화가족 자녀들의 학교적응이 문화적응과 밀접한 관련을 가지고 있었다(조복희 · 이주연, 2006). 다문화가족의 자녀들은 자신에 대한 주변의 다른 사람들의 인식과 차별을 경험하는 과정에서 문화적응스트레스를 경험하며(Chavez, Moran, Reid, & L´opez; 1997),

문화적응 스트레스가 높을수록 학교적응과 더 나아가 심리사회적 발달에 부정적 영향을 줄 수 있다고 하였다(노충래 · 홍진주, 2006). 그런데 다문화가족의 자녀들은 학교에 입학하는 순간부터 학교적응의 문제에 직면하게 된다. 언어적 문제, 사회적 상호작용의 문제, 그리고 학업발달의 문제 등의 학교적응 문제에 직면하게 되는 다문화가족의 자녀들은 심리사회적 발달에 부정적 영향을 초래할 수밖에 없다.

Bhattacharya(2000)에 따르면, 문화적응은 다문화가족 자녀들의 학교적응을 이해하는데 중요한 맥락이 된다고 제시하였다. 그런데 문화적응에 대하여 새로운 사회에 도착하기 전에 가졌던 문화적 유사성과 차이에 대한 인식도 적응에 영향을 미치게 되며, 특히 새로운 언어에 대한 어려움은 적응과정에서 겪게 되는 스트레스원 중의 하나가 된다고 지적한다. 다문화가족 자녀들이 경험하게 되는 적응과정에서의 어려움은 학교를 중도탈락하게 하는 요인으로 작용하고 있다.

또한 부모와 자녀 간의 문화적응에 대한 차이에서 비롯되는 갈등은 다문화가족의 자녀로 하여금 문화적응 스트레스를 더욱 심하게 경험하게 할 수 있다. 다문화가족 부모의 문화적응 전략은 다문화가족 자녀들의 문화적응 스트레스에 영향을 미치는 요인이 된다.

다문화가족 부모가 문화적응의 전략 중에서 주변화(marginalisation)과 분리(separation)의 전략을 사용하게 되는 경우 두 가지의 주된 심리사회적 스트레스를 경험하게 된다고 한다. 주된 스트레스 중 하나는 주류문화에 동화되기 위해 또래로부터의 그들이 가지고 있던 문화적 정체감과 가치를 버리도록 하는 압력이고 다른 하나는 부모 또는 다른 성인들로부터 원래 가지고 있던 그들의 전통과 문화적 규범을 따르도록 하는 압력이다(Chrispin, 1998; Thomas & Choi, 2006 재인용).

이와 같은 스트레스의 경험은 다문화가족 자녀들로 하여금 부모와의 갈등을 증가시키고 더 큰 스트레스를 유발하는 것으로 나타난다. 미국에 거주하는 한국인 이민자녀들과 인디언 청소년들의 문화적응 스트레스에 관한 연구(Thomas & Choi, 2006)에서는 청소년들이 문화적응 스트레스의 수준을 낮추지 못하는 경우가 많고, 그 가족들의 경우 스트레스에 대한 대처는 오히려 부모와 자녀 간의 갈등을 야기하는 경우가 많다고 보고하였다.

Thomas & Choi(2006)은 부모들의 동년배 다른 아동들과 순종, 훈련 및 교육, 습관과 예절 등에 대해서 비교는 경향, 아시아계의 배경이라는 이유로 학교에서 더 잘 지내기를 기대한다는 점, 그리고 부모들이 원하는 바를 하기를 기대하는 점은 스트레스를 높게 하는 요인이라고 지적한다.

또한 다문화가족의 자녀들은 주류사회에서 소수집단으로서의 구조적 불리함, 차별로 인한 스트레스를 경험하며, 심리사회적 발달과 적응에 영향을 미친다(윤인진, 2000; Wong, Eccles & Sameroff, 2003). 심리사회적 발달에 관한 인종의 영향은 인종에 대한 차별과 인종적 정체감에 대한 고정관념, 경험과 같은 인종에 대한 사회적 상황과 심리사회적 과정을 통해 형성된다. 인종적 차이로 인한 차별경험은 위험요인이 되며, 몇몇의 개인들은 인종적 차별경험에 부정적으로 영향을 받기 때문에, 인종적 차별경험은 직접적으로 부정적 결과를 야기하지는 않더라도 부정적 결과물을 야기할 가능성을 증가시켰다(Wong, Eccles, & Sameroff, 2003; Phelan, Yu, & Davidson, 1994). 즉, 학교에서 교사와 또래들로부터의 차별경험은 학년이 높아질수록 감소하고, 학업능력에 대한 자기개념과 학업에 대한 가치는 부정적인 방향이 되고, 학교에서 문제행동을 야기하고 학교생활에 대한 흥미를 잃어가는 아이들의 수가 증가하는 경향을 가진다고 하였다. Wong 외(2003)는 교사 및 또래로부터의 인식된 차별은 학업적 동기, 학업수행, 자아존중감, 우울과 분노 등의 심리적 고통, 친구의 선택, 문제행동과 관련하는데, 학업에 대한 동기, 자기유능감에 대한 신념, 심리적 유연성과 자존감에 대해 부적상관을 나타내며, 분노, 우울감, 친구들의 특성에 대한 부정적 인식, 문제행동과는 정적 상관을 보인다고 보고하였다. 또한 인종집단에 대한 연대를 발달시키고자 돕는 가족의 청소년들은 차별과 학업에 대한 중요성에 대해 사회화된다고 하였다.

그러나 Fordham과 Ogbu(1986)는 차별을 당하게 될 때, 학교에서 평가절하되는 정체감과 반대되는 정체감을 발달시키고자 한다고 주장하였다. 이는 조사대상의 인구사회학적 배경의 차이에서 비롯된 것이라고 밝힌다(Wong, Eccles, & Sameroff, 2003). 결과적으로 어떤 청소년들은 인종적 차별에 대한 반응으로 학교에서 그들 스스로를 다른 정체감으로 반응하거나 관계를 끊는 대처를 하며, 어떤 청소년들은 차별에 대한 반응으로 더욱 강하게 학교에서 자신들의 정체감을 드러내며 대처하는 것으로 나타났다. 이러한 대처방법을 통해 자신의 정체감을 더욱 확고하게 드러내는 청소년들은 학교에 더 잘 적응하고 좋은 성적을 얻는 것이 차별에 대처하고 극복하는 중요한 방법이라고 생각하였다.

다문화가족의 자녀들에 대한 많은 국내의 연구들은 어머니의 한국어 능력의 부족에서 비롯되는 언어적 발달의 지체, 다문화가족의 자녀들에 대한 프로그램의 부족, 문화적 차이로 인한 어려움, 외모로 인한 따돌림, 사회적 차별과 소외, 정체성의 혼란의 문제를 지적하면서 문화적응의 어려움을 지적하고 있다(송선진, 2007; 신혜정, 2007; 안은미, 2007; 오성배, 2007; 조혜영, 2007; 금명자 외, 2006; 김갑성, 2006; 정현영, 2006; 조영달, 2006; 오성배, 2005). 그리고 이러한 문화적응의 어려움은 학교적응과 관련하여 부적응과 심리사회적 부적응으로 연결되고 있으며, 더 나아가서 자아정체감 형성에도 부정적으로 작용할 수 있다고 하였다.

7. 다문화 청소년의 적응

1) 언어문제

결정적 시기 언어적 자극 부족으로 인한 언어발달 문제(서 현 · 이승은, 2007), 다문화가족 아동 중 약 34%가 언어선별 설문결과 고위험군(배소영 외, 2009)에 있다. 연령 증가에 따라 일반 아동과의 집단 간 차이는 감소(박주희 · 남지숙, 2010) 하고 있다. 일상적 언어소통에 대한 문제는 없으나 독해, 어휘력, 쓰기, 작문 능력에 있어 어려움을 가지고 있다(조영달 외, 2006).

2) 학업-진로문제

지능을 통제한 후에도 일반 아동보다 학업성취가 떨어지고 있으며(안혜령 · 이순형, 2009), 국어, 사회과목을 어려워하는 경향이 있다(배은주, 2007; 조혜영 외, 2007). 학업중단 충동 경험 비율이 평균 27%로 심각한 수준이다(전경숙, 2008).

새터민 청소년의 가장 큰 고민은 학교성적(73.9%)으로 학습공백으로 인해 학업에 어려움을 느끼는 새터민 청소년이 많이 있다(조영달 외, 2006). 새터민 청소년의 경우 진로계획 수립에 관심이 많으나(한국직업능력개발원, 2007) 이에 대한 지원 방안 모색은 부족하다.

3) 심리·정서적 문제

일반 가정의 아동보다 우울을 더 높게 지각하는 경향이 나타나며(남윤주·이숙, 2009; 김경자, 2007), 일반 청소년의 평균과 비교할 때 내재화 문제가 5.4% 정도 빈도가 더 높아 내재화 문제가 시사되고 있다(전영희, 2010).

이중문화배경으로 인한 자아정체감 혼란, 일반 아동에 비해 전반적인 자아정체감 발달 수준이 낮은 것으로 나타났으며, 특히 미래확신성, 주도성, 친밀성 발달이 낮다(송선진, 2007).

새터민 청소년의 경우 탈북 과정에서 위기적 사건 경험으로 외상 후 스트레스를 나타내기도 한다(이향규, 2007).

4) 대인관계 문제

다문화가족 청소년 중 학교에서 친구들에게 놀림이나 차별 및 따돌림을 경험하고 있는 비율은 15.7%로 나타났으며, 놀림의 이유로는 '엄마나 아빠가 외국인이기 때문에(36%)', '특별한 이유 없이(26%)'가 높게 보고되고 있다(전경숙, 2008).

또래와의 소극적 상호작용 및 주변 어른과의 관계에서도 가난한 나라에서 온 어머니와 불쌍한 아이라는 편견이 작용하고 있다(서 현·이승은, 2007).

8. 다문화 청소년 상담의 필요성

우리 사회는 매우 단기간에 다문화사회로 전환 중이나 다문화가족의 자녀들은 여전히 다양한 불평등과 어려움을 경험하고 있다.

청소년 위기결과 경험비율에 있어 부모 두 분 모두 한국인인 경우 8.4%로 나타났으나 다문화가정의 경우 부모 출신국에 따라 11.1~48.5%로 위기결과 비율이 매우 높게 나타났다(한국청소년상담원, 2010).

현재는 초등학교에 재학 중인 다문화 아동이 많으나 다문화 아동의 연령 증가에 따라 다문화 청소년 인구의 급증이 예상된다.

현재까지 다문화에 대한 접근은 다문화가족과 관련된 정책적 접근이 대부분이며 일부 프로그램도 이주여성의 한국적응 도모, 다문화 아동에 대한 적용 도모가 대부분을 차지하고 있다.

다문화 청소년의 적응을 지원하는 것 이상으로 다문화 청소년의 어려움을 심층적으로 파악하고 개별화된 전략 수립을 위한 상담적 개입에 대한 요구가 높아지고 있는 실정이다(조영달 · 박윤경, 2010; 성상환 · 김광수 · 임은미, 2008).

그러나 다문화 청소년을 접하는 청소년 상담자의 다문화상담에 대한 준비는 미약한 실정에 있다.

그러므로 다문화상담을 통해 청소년의 어려움과 필요한 지원의 형태를 파악하기 위한 상담 프로그램이 필요하며, 다문화상담자 역량을 강화시킬 필요가 있다.

9. 다문화 청소년 상담의 방향

첫째, 국내 다문화가정 전체의 증가에 따라 다문화가정 자녀의 연령도 증가 추세에 있으므로 다문화 청소년의 수는 점차 급증할 것으로 예상된다. 이에 따라 다문화가족지원법, 재한외국인처우기본법, 초중등교육법 등 관련법을 정비하고 여성가족부, 교육부 중심으로 다양한 지원 방안이 마련되고 있는 추세이다.

그러나 이러한 접근들은 거시적 차원에서 다문화 청소년을 지원하기 위한 사회시스템을 정비하는 과정을 중심으로 이루어지고 있으며 다문화 청소년의 성장과 발달을 지원하는 구체적인 프로그램은 부족한 실정으로 다문화 청소년이 겪는 어려움을 다각적으로 파악하고 체계적인 개입전략을 수립하는 상담적 개입의 필요성을 시사하고 있다.

둘째, 다문화 청소년을 둘러싼 이주배경, 사회경제적 특성, 가족적 특성 등 환경적 특성을 고려하여 이들에 대한 통합적 지원 체계를 구축하는 일이 필요하다.

국제결혼가정의 청소년, 이주노동자가정의 청소년, 새터민 청소년은 각 가정사, 개인사에 따라 다양한 이주경험을 통해 한국 사회에 진입하게 되므로 이러한 이주배경에 대한 이해가 무엇보다 선행되어야 한다. 또한 사회경제적 측면, 가족적 측면의 특성에 대한 이해가 필요하다.

셋째, 통합적 지원 체계 구축에 있어 CYS－Net 등 기존 청소년 상담 지원체계를 파악하고 이를 적절히 연계하는 것이 중요하다.

넷째, 청소년기의 신체적 변화, 인지적 변화, 사회인지적 독특성, 또래집단과의 관계, 자아정체감 발달 등 청소년기의 일반적인 발달과업을 이해하고, 개입전략 수립에 있어 이러한 청소년기의 특성을 고려할 필요가 있다.

다섯째, 다문화 청소년은 다양한 측면에서 어려움을 경험할 가능성이 크다. 이는 오로지 다문화 청소년 특성으로 인한 것이 아니라 자민족중심주의가 강한 한국 사회와의 상호작용으로 인한 것이다.

여섯째, 한국 사회에 필요한 다문화상담자 역량은 서구 사회에서 강조되어 온 문화적 가치와 편견에 대한 인식, 내담자의 세계관에 대한 상담자의 인식, 적절한 다문화 개입전략과 같은 역량 외에도 상담자의 복합적 역할에 대한 인식, 통합적 지원 체계 구축, 다문화 정책, 다문화사회문제에 대한 인식 등이 강조되어야 한다.

참/고/문/헌

금명자 외(2006). 이혼경험에 대한 질적 분석 - 부모의 경험과 부모자녀 관계를 중심으로. 상담 및 심리치료. 한국심리학회지, 제18권 제1호.

김갑성(2006). 한국 내 다문화가정의 자녀교육 실태조사 연구. 서울교육대학교 대학원 석사학위논문.

김경자(2006). 부천지역 고등학교 상담실태 분석 및 상담활동 활성화 방안 연구. 인천대학교 대학원 석사학위논문.

김정원(2005). 학교교육 '다양화'정책의 성격과 그 효과. 한국교육, 제32권 제3호.

김연희 외(2009). 남한 내 7년 이상 거주한 북한이탈주민의 정신건강 예측요인. 상담 및 심리치료. 한국심리학회지, 제21권 제1호.

김지현 외(2010). 학교상담 : 자기존중감과 학업성취 사이의 자기회귀 교차지연 효과 검증 : 중학교 2학년에서 고등학교 3학년까지. 상담학연구, 제11권 제1호.

남윤주 · 이 숙(2009). 다문화가족 아동이 지각한 어머니 애착과 일상적 스트레스가 자아개념과 우울에 미치는 영향. 대한가정학회지, 제47권 제9호.

노충래 · 홍진주(2006). 이주노동자 자녀의 한국 사회 적응실태 연구 : 서울 경기지역 몽골출신 이주노동자 자녀를 중심으로. 한국아동복지학, 제22권.

박주희 · 남지숙(2010). 다문화아동의 언어발달과 심리사회적 적응. 한국청소년연구, 제21권 제2호.

배소영 외(2009). 다문화가정 아동의 이야기 산출. 언어치료연구, 제19권 제2호.

배은주(2007). '차별'과 '동화' : 초등학교 이주노동자 자녀들의 학교생활과 갈등. 교육비평, 제22권.

서 현 · 이승은(2007). 다문화 유아교사교육 프로그램 개발을 위한 기초연구. 한국열린유아교육학회 학술대회 발표논문집. 2009-5호.

서홍란 외(2008). 베트남 여성결혼이민자의 양육스트레스에 영향을 미치는 요인에 관한 연구. 한국가족관계학회지, 제13권 제3호.

성상환 · 김광수 · 임은미(2008). 우리나라 다문화교육정책 추진현황, 과제 및 성과 분석 연구. 교육연구와 실천, 제72권.

송미경 외(2008). 다문화가정 부모를 위한 집단상담 프로그램 개발. 청소년상담연구(총서).

송선진(2007). 국제결혼가정 자녀의 사회화 과정이 자아정체감에 미치는 영향 : 다문화교육을 위한 시사점을 중심으로. 서울대학교 대학원 석사학위논문.

신혜정(2007). 다문화가정 자녀의 자아정체성에 영향을 주는 요인에 관한 연구. 이화여자대학교 대학원 석사학위논문.

안은미(2007). 농어촌 국제결혼가정 자녀의 학교적응에 영향을 미치는 요인에 관한 연구. 이화여자대학교 대학원 석사학위논문.

안혜령 · 이순형(2009). 여성결혼이민자 가정 아동과 일반가정 아동의 학업성취 비교. 아동학회지, 제30권 제1호.

오성배(2005). 코시안(Kosian) 아동의 성장과 환경에 관한 사례 연구. 한국교육, 제32권 제3호.

오성배(2007). 국제결혼 가정 자녀의 교육기회 실태와 대안 모색. 인간연구, 제12호.

오주리 · 이수연(2010). 새터민 청소년의 남한사회 적응과 대처경험에 관한 질적 사례연구. 상담학연구, 제11권 제4호.

윤인진(2000). 탈북자의 자립정착을 위한 자조모델 : 자영업 기반형성을 중심으로. 아세아연구, 제43권 제2호.

이영주(2007). 애착과 의사소통 능력 및 결혼관계 만족 : 30－40대 성인을 중심으로. 충남대학교 대학원 석사학위논문.

이향규(2007). 새터민 청소년의 학교 적응 실태와 관계. 인간연구, 제12호.

전경숙(2008). 경기도 지역의 다문화가정과 일반가정 청소년의 생활실태 조사－학교생활과 가정생활을 중심으로. 청소년상담연구, 제16권 제1호.

전영희(2010). 다문화가정 청소년의 자아개념과 정서 행동문제의 관계 및 관련변인. 조선대학교 대학원 박사학위논문.

정현영(2006). 다문화가정자녀의 학교생활적응에 영향을 미치는 요인에 관한 연구 : 아시아 여성과 한국남성의 이중문화가정자녀를 중심으로. 숭실대학교 대학원 석사학위논문.

조복희 · 이주연(2006). 부모와 별거하는 중국 조선족 아동의 양육자에 대한 애착과 적응문제. 아동학회지, 제27권 제4호.

조영달(2006). 다문화가정의 자녀교육 실태조사. 교육인적자원부.

조영달 외(2006). 다문화가정의 자녀교육 실태조사. 교육인적자원부.

조영달 · 박윤경(2010). 연구논문 : 학교 다문화교육의 실태 분석. 시민교육연구, 제42권 제1호.

조혜영(2007). 한민족청소년 인적자원 활용을 위한 글로벌 네트워크 구축방안 연구 : 국내체류 해외 한민족청소년 실태조사를 중심으로. 한국청소년정책연구원.

조혜영 외(2007). 다문화가족 자녀의 학교생활실태와 교사 · 학생의 수용성연구. 한국여성정책연구원.

Chapter

12

국적취득 및 귀화절차 상담

| Chapter 12 | 국적취득 및 귀화절차 상담

1. 국적취득

법무부는 2010. 2. 1.(월)부터 기업이 필요로 하는 외국인 전문인력(첨단산업 종사자, 연구원, 원어민 강사 등)을 초청하는 경우, 출입국 관리사무소를 방문하지 않고도 인터넷을 통해 비자를 신청할 수 있는 온라인 비자 신청 시스템(HuNet KOREA)을 도입하여 실시하고 있다.

국민의 배우자와 외국인 유학생이 가사, 휴가 등의 목적으로 일시 출국하는 경우, 현행 절차를 대폭 완화하여 체류기간 이내에는 자유로이 출국할 수 있도록 복수 재입국 허가 간소화 조치를 시행한다.

또한 2010. 2. 1.부터 귀화신청자의 편의를 위해 그동안 과천에 있는 법무부 국적시험장 한 군데에서만 실시하던 귀화 면접시험 장소를 전국 14개 출입국 관리사무소 및 3개 출입국관리사무소 출장소로 확대하고, 귀화 필기시험과 면접심사 샘플을 공개하기로 하였다.

한편 2010. 5월부터는 등록외국인 중 영주권자, 투자외국인 등 전문직에 종사하는 외국인도 출입국 시 무인자동심사대를 이용할 수 있게 되며, 2010년 하반기에는 읍・면・동사무소 등 자치단체에서도 출입국사실증명서를 발급하고 있다.

2. 귀화신청

1) 귀화심사 과정

상담 및 접수
- 상담
- 서류접수 및 요건확인

소속기관

⇨

입력 및 스캔
- 신청자료 전산입력
- 신청서류 스캔

소속기관

⇨

필기시험
- 대상자 통보
- 출제 및 채점
- 합격자 발표

본부

⇨

면접심사
- 대상자 통보
- 면접심사
- 합격자 발표

소속기관

⇨

실태조사
- 조사의뢰
- 정상적인 혼인관계 등 확인

소속기관

⇨

1차 적격심사
- 심사의견 작성

소속기관

⇨

최종 적격심사
- 신원조회(필요시)
- 범죄경력 조회
- 최종심사 결정

본부

⇨

고시 및 통보
- 관보고시
- 본인 통보
- 관계기관 통보

본부

⇨

외국국적포기 등
- 포기확인서 등 발급
- 외국인등록증 반납

소속기관

■ 김정열
명지대학교 청소년지도학과(B.A)
중앙대학교 대학원 청소년학과(M.A)
총신대학교 신학대학원(M.Div.equi.)
명지대학교 대학원 청소년지도학과(ph.D)
현) 총신대학교 중독재활상담학과 교수

■ 박수준
Fuller Theological Seminary(목회학 박사)
칼빈대 교수
현) 총신대학교 교수

■ 유정욱
목포대학교 대학원(행정학 박사)
동아인재대학교 교수
강동대학교 교수
현) 총신대학교 산업교육학부 교수

다문화가족의 상담과 실제

|공저자| 김정열 · 박수준 · 유정욱

|1판 1쇄| 인쇄 2014년 11월 25일
|1판 1쇄| 발행 2014년 11월 30일

|발행인| 김 동 훈
|발행처| 공 동 체

|주소| 경기도 고양시 일산동구 호수로 358-39 동문타워 I 905호(백석동)
|전화| 031) 920-8305(대표)
|팩스| 031) 920-8308
|e-mail| compub@naver.com
|출판등록| 2005년 10월 6일
|등록번호| 제396-2005-36호

|ISBN| 978-89-6352-689-8
정가 14,000원